LES DOSSIERS DU MUSÉE D'ORSAY

41

Les Salons caricaturaux

Catalogue établi et rédigé
par Thierry Chabanne
Professeur à l'École nationale supérieure des Arts Décoratifs

Réunion des musées nationaux

Cette exposition, présentée au musée d'Orsay
du 23 octobre au 20 janvier 1990,
a été réalisée avec le concours
des services techniques du musée d'Orsay.

La présentation a été conçue et réalisée
par la société Pylône.

Mes remerciements s'adressent tout d'abord à Françoise Cachin et à Chantal Georgel qui ont permis et encouragé ce projet.

Raymond Bachollet, Nicole Blondel, Christiane Caille, Ségolène Le Men, Didier Lénart, Odile Menegaux et Jérôme Picon ont été des aides précieux et efficaces et ont grandement contribué à la réalisation de ce travail.

Ma reconnaissance s'adresse également aux responsables des collections publiques qui ont consenti les prêts ainsi qu'aux collectionneurs qui ont accepté de se dessaisir d'une partie de leurs collections : Laure Beaumont-Maillet, Jacques Benelli, Henri Bonnefoi, Patrick Braouezec, Thérèse Burollet, Jean Derens, Michel Dixmier, Jean-Claude Garreta, Françoise Jestaz, Anne-Claude Lelieur, Emmanuel Leroy Ladurie, Yves Michaud, Bernard de Montgolfier, Jacques Nicourt, Nicolas Rémon, Pierre Rosenberg, Jean-Bernard Roy, Jacqueline Sanson, Françoise Viatte.

Enfin, que toutes les personnes qui ont facilité ma tâche grâce à leur savoir et leurs compétences soient très sincèrement remerciées : Frédérique Barret, Viviane Billard, Claude Bourret, Alexis Brandt, Bernadette Buiret, Isabelle Cahn, Gilles Candar, Yves Chagniot, Jean Coudane, Alain Daguerre de Hureaux, Maria Deurbergue, Thierry Devinck, Anne Distel, Anne de Francqueville, François Galard, Pierre Georgel, Françoise Heilbrun, Catherine Jaffeux, Annie Jaque, Geneviève Lacambre, Caroline Larroche, Françoise Le Coz, Jean-Claude Le Pain et son équipe, Marie-Alix de Lestang, Cécile Le Trung, Patricia L'Hote, José-Luis de Los Llanos, Martine, Serge Morozov, Patricia Oranin, Martine Pasquet, Jean-Paul Pinon, Andrée Pouderoux, Mme de Puybodet, Rodolphe Rapetti, Anne Roquebert, Jean-Pierre Rosier, Odile Sanson, Roland Schaer, Patrice Schmidt, Josué Seckel, Laurent Stanich, Antoine Tasso et son équipe.

10, rue de l'Abbaye, 75006 Paris

ISSN : 0985-9802
ISBN : 2-7118-2324-5

Sommaire

Prologue

Les Salons caricaturaux sont des comptes rendus en images humoristiques des œuvres, peintures ou sculptures, exposées au Salon officiel qui se tient à Paris[1]. Ils sont publiés dans la presse, comique le plus souvent, sur une ou plusieurs semaines, jusqu'à neuf parfois. Ces suites d'images légendées, accompagnées presque toujours des numéros du livret officiel et parfois du nom de l'artiste et du titre de l'œuvre, peuvent aussi être rééditées en albums isolés, inclus ou non dans une série. Nés timidement dans les années 1840, ils se développent peu à peu et connaissent un essor considérable sous le second Empire[2].

Le terme, en réalité peu usité, est emprunté au *Salon caricatural* de 1846, l'un des modèles du genre ; les autres parutions, dans la presse ou dans les albums, portent les titres de « Salon comique », « Salon pour rire », « Salon repeint et mis à neuf »... Tous revendiquent la blague et renvoient implicitement aux scies d'atelier.

En réalité, si l'on se réfère aux définitions les plus communément admises, les charges des représentations sont des parodies, des « imitations burlesques d'œuvres sérieuses », ou trop sérieuses comme on le verra. Et si, comme l'indique Michel Melot, « le pastiche imite, avec des nuances à peine perceptibles : la parodie contrefait grossièrement »[3], alors il est clair que la parodie appartient au vaste domaine de la caricature et que nos exemples ressortissent de l'art de l'imitation partielle, partiale et moqueuse. Le terme « parodie » donnera son nom à un périodique fameux créé par André Gill (1869-1870) **(Cat 53)** dont le numéro consacré au Salon est un maillon essentiel de l'histoire du genre.

Naissance des Salons caricaturaux

Les antécédents

Avant d'éclairer l'origine des Salons caricaturaux à proprement parler, quelques exemples antérieurs de comptes rendus humoristiques, parallèles aux catalogues sérieux, permettent de situer le phénomène dès l'apparition des premiers salons au XVIIIe siècle[4].

Quelques-uns des procédés narratifs qu'ils mettent en jeu sont les suivants : l'ironie (*Plainte de M. Badigeon marchand de couleurs sur les critiques du Sallon de 1771,* Amsterdam et Paris, 1771) **(Cat 1)**, la cécité feinte (*Réponse d'un aveugle à messieurs les critiques des tableaux exposés au Sallon*, Paris, 1775), le discours joué (*La peinturomanie ou Cassandre au Sallon : comédie-parade, en vaudevilles,* Paris, an IX). Ces artifices permettent le commentaire badin et la remarque acérée, ils donnent la primauté à l'humour au détriment de la critique sérieuse, parfois ennuyeuse, souvent pontifiante.

Les notes se trouvent page 50.

Fig 1
Les Grandes Prophéties du Grand Nostradamus sur le Grand Salon de Peinture de l'an de grâce 1787
Frontispice et page de titre
Paris, Bibliothèque nationale, Estampes

Rarement illustrées, ou ornées d'un unique frontispice comme *Figaro au Sallon de 1785* ou *Les Grandes Prophéties de Nostradamus sur le Grand Salon de Peinture de l'an de grâce 1787* (Fig 1), ces publications possèdent presque toutes un caractère commun et deux caractéristiques. Ce sont des sortes de charges écrites, tout à fait dans le goût de l'époque, elles favorisent la distance critique, développent un propos léger ou plus sérieux qui s'abrite derrière l'humour. Ces divers procédés n'étant, par ailleurs, pas forcément gage de qualité ou de finesse, loin s'en faut. Ces livrets d'un genre particulier possèdent aussi deux caractéristiques, complémentaires mais de niveaux différents : la promenade et le dialogue ou le propos rapporté très souvent exploités au siècle suivant.

En effet, les thèmes de l'abondance des œuvres et de la multiplication des cimaises seront un leitmotiv de la critique du XIXe siècle. La topographie du Salon et son extension géographique favorisent la promenade ou la déambulation : on y va pour voir (pour être vu aussi), pour accrocher en passant quelque nouveauté. Si l'on va au Salon, si l'on suit l'ordonnancement académique de la répartition en genres, on se baguenaude : peut-être même s'y perd-on ? *La Promenade du critique influent* de Daumier (*Le Charivari,* 24 juin 1865) dit aussi qu'on y note et qu'on y repère. « Promenades » graphiques de Bertall ou « Voyage en zigzag » de Philibert Audehaut dans *Le Journal amusant* (mai 1872), la pérégrination sélective est au principe de tout commentaire comique. Comme le dit Pierre Véron : « Autant d'articles, autant de promenades » (*Le Journal amusant,* 12 mai 1866, p. 2).

Le dialogue entre deux ou plusieurs personnages permet la confrontation ou la pseudo-critique dialectique. Dans un cadre mis en scène ou dans un espace ouvert, le dialogue feint aide, semble-t-il, à faire surgir des vérités plus ou moins bonnes à dire. Les auteurs des textes qui paraissent dans les journaux comiques usent très fréquemment de ce stratagème, jusqu'à l'exemple tardif du dialogue entre le colonel Ramollot et le capitaine Lorgnegrut dans *Ramollot au Salon* de Ch. Leroy (Paris, 1883). Il est un autre tour aussi fréquent qui consiste à feindre d'avoir reçu un témoignage oral ou le courrier d'un personnage, souvent un provincial, béotien, naïf ou perfide, et d'en

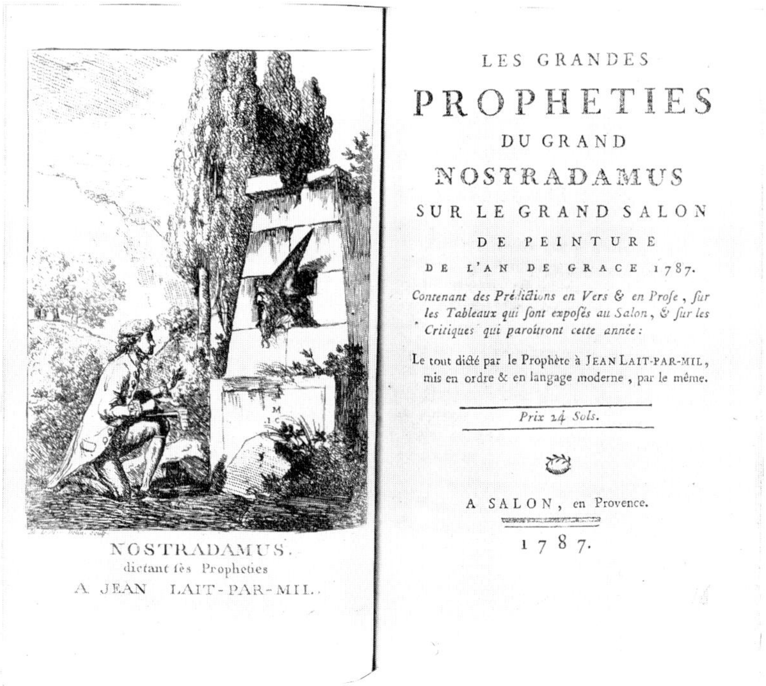

Fig 1

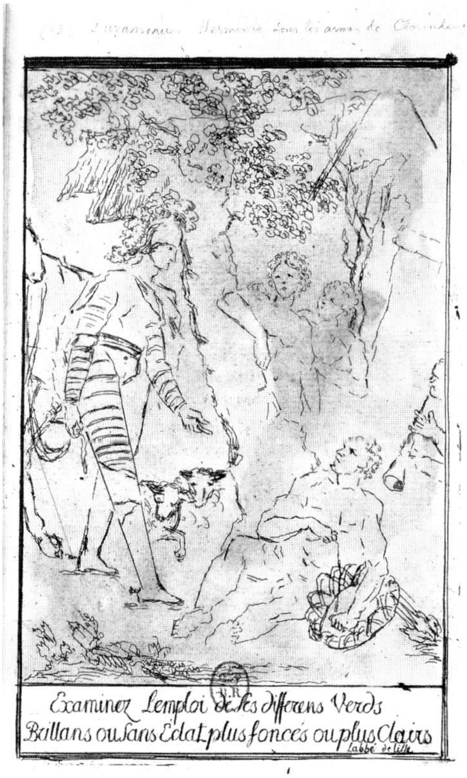

Fig 2

rendre compte dans les colonnes, avec objectivité, bien sûr[5]. Cette délégation qui établit une connivence avec le lecteur renforce sans nul doute, pourrait-on dire, la véracité ironique.

Charge, promenade et dialogue constituent ainsi trois traits parmi d'autres de ces persiflages qui se retrouvent sans cesse au XIXe siècle. Dans ce foisonnement de petits ouvrages, le *Malborough* de 1783 apparaît sans aucun doute comme une exception. Son titre exact en dit long : *Malborough au Sallon du Louvre : première édition, contenant discours préliminaires, chansons, anecdotes, querelles, avis, critiques, lettre à Mlle Julie, changements de têtes, etc.* à Paris, aux dépens de l'Académie Royale de Peinture et de Sculpture ; et se trouve au Louvre, sur les quais de Gèvres et des Augustins, au palais Marchand, aux faubourgs comme à la ville, à Amsterdam, à Londres, à Constantinople, à Rome et enfin par toute la terre. Précédé d'un frontispice colorié, le texte est illustré d'une suite de sept eaux-fortes aquarellées, consacrées à quelques-unes des vedettes du Salon : Durameau (Fig 2), Le Barbier, Suvée, Jollam, David, Renaud. Salon caricatural avant la lettre, ce *Malborough* anonyme ne semble guère avoir eu de suite immédiate. En effet, jusqu'à la réelle naissance du genre, au début des années 1840, seules des planches isolées paraissent, dans *Le Charivari* par exemple, qui stigmatisent bien davantage les mœurs artistiques que les œuvres elles-mêmes. Plus précisément, ce sont fréquemment les débuts du romantisme et la « querelle des écoles » qui donnent prétexte aux quolibets graphiques.

Un autre thème très fréquemment mis en exergue est celui du jury. Tout au long du siècle, les membres du jury seront l'objet d'attaques plus ou moins virulentes. Des « aveugles qui jugent les couleurs » **(Cat 7)** au « célèbrrrrrre jury de peinture... » **(Cat 5)**, les dessinateurs n'en finiront pas de moquer ses mœurs désuètes comme ses excès d'autorité.

Dans le *Coup de patte sur le Sallon de 1779, dialogue précédé et suivi de Réflexions sur la peinture*, un inconnu, après avoir délivré son crédo esthétique engage un dialogue avec l'éditeur qui conclut de la manière suivante : « Tâchons de commencer par ce qu'il y a de plus mauvais ».

Les premiers véritables Salons caricaturaux sont, eux, parmi les meilleurs.

Les premiers Salons caricaturaux
Le Salon de 1843

En 1843, la 7e livraison des *Omnibus*[6] donne à lire *Le Salon de 1843 (ne pas confondre avec celui de l'artiste-éditeur Challamel, éditeur-artiste). Appendice au livret, représenté par 37 copies de Bertall* **(Cat 13)**. Cette plaquette de seize pages va créer un précédent à la fortune immense.

Le titre énonce clairement qu'il ne s'agit ni d'un livret tel celui que l'on se procure à

Fig 2
Malborough au Sallon du Louvre, Paris, 1783 : *Hermine sous les armes de Clorinde* de Durameau
Paris, Bibliothèque nationale, Estampes

Cat 13
BERTALL
Le Salon de 1843, page de titre et dernière page

l'exposition, ni d'un album tels ceux que Wilhelm Tenint publie chez le Challamel en question et que diffusent les libraires **(Cat 16)**[7]. Ce Salon est un appendice en images avec « copies » ; illustré puisque le livret ne l'est pas et non apologétique comme l'est l'album qui recense les gloires. Précédé par les réactions des rapins (l'admis/le refusé), thème répétitif s'il en est **(Cat 101-110)**, conclu par des « physionomies » **(Cat 13)** de visiteurs, elles aussi très fréquentes par la suite, le texte se déroule en mêlant le commentaire esthétique et des caricatures des œuvres accompagnées de leur numéro au livret, de leur titre et du nom de leur auteur. Une seule toile a droit aux honneurs de la pleine page, *Un rêve de bonheur,* « tableau Pas-Petit ! » (nº 904, œuvre de Dominique Papety). La plupart des travers soulignés se retrouveront tout au long du siècle : le ridicule des sujets, les emphases du style ou les innovations formelles qui heurtent la chose admise et le bon sens commun.

L'Illustration, au tout début de sa longue carrière, dans son nº 11 du 13 mai 1843 consacre une publicité aux *Omnibus* du jeune Bertal qui n'a que 23 ans et dont le pseudonyme s'orthographie alors avec un seul « l ». Parmi les quinze vignettes qu'il donne, trois sont consacrées à des œuvres exposées au Salon : *La vue de La Hougue* (effet de nuit) de Jean-Louis Petit, le *Napoléon* de J.-B. Mauzaisse et le *Portrait de la marquise de...* par Lehmann. La lecture du texte des rédacteurs en dit long sur le contexte dans lequel ces séries de caricatures voient le jour : « M. Bertal est un jeune artiste qui doit, je ne dirai pas donner de brillantes espérances, mais inspirer des craintes sérieuses à ses concitoyens ; car il se moque impitoyablement de tout : bêtes ou choses. Ce redoutable critique n'écrit pas, il dessine ; mais ses victimes n'en sont que plus à plaindre ; il les fait si ressemblantes, qu'il leur est impossible de ne pas se reconnaître. » Le ton est donné, tout événement culturel et social est susceptible de devenir l'objet d'une relecture caricaturale.

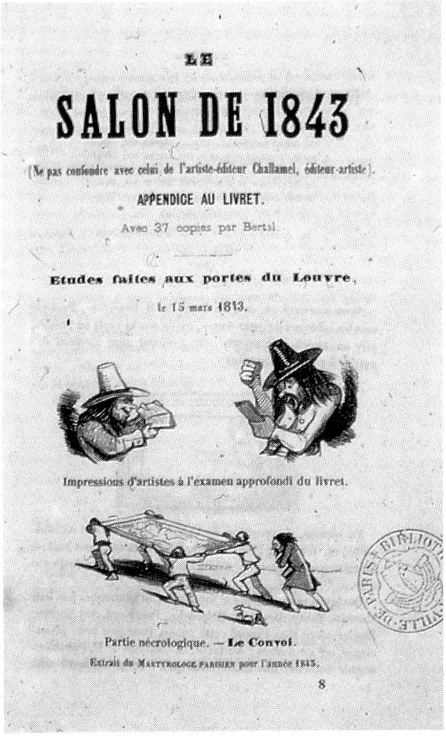

Cat 13

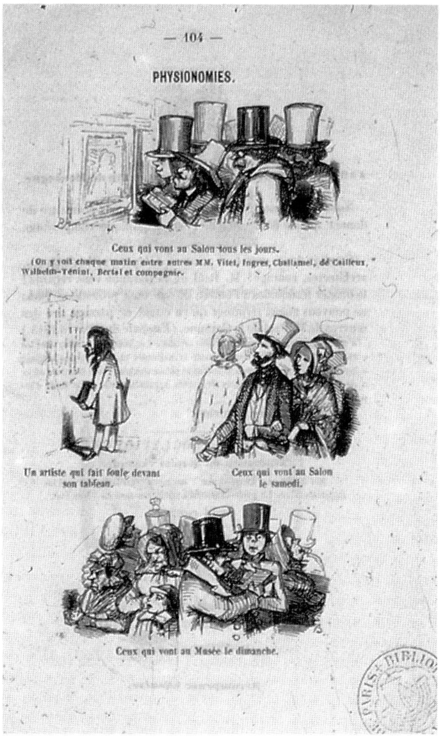

Dans son numéro du 25 mars, le même journal consacre son premier article sérieux à l'événement artistique du printemps et orne ses pages de belles gravures donnant une vue générale des salles de l'exposition. Vue « objective » mais au contenu satirique semble-t-il[8]. Ainsi, un même périodique peut développer, à partir d'un objet identique, deux versants d'un discours : le sérieux et le comique. Comme *Le Charivari* son aîné, ce journal continuera le genre tout au long du siècle.

Ce premier grand journal à caricatures lancé par Philipon en 1832 inaugure la saison artistique avec une planche « Le jury de peinture ou des aveugles qui jugent les couleurs » **(Cat 7)** et publie lui aussi son Salon dans le n° 78 sous le titre « Première impression du Salon de 1843 » et signé R.P. (Raimond Pelez) **(Cat 14)**. La feuille mêle des charges précises dirigées vers les différents genres : portrait, paysage, peinture d'histoire ; des réflexions plus générales sur le cadre[9] ou la niaiserie des modèles par exemple. Quant au jeu de mots dont on est très friand dans les journaux parodiques (« effet de nuit qui n'est pas clair... de lune »), il parsème ce genre de publication pour ne plus jamais disparaître. Jusqu'au 29 mai, neuf numéros livrent des charges consacrées chacune à une peinture particulière (Robert, Lehmann, Desgoffe, Vernet, R. Fleury, Couture, Schopin, Guignet et Dieudonné), en alternance avec des reproductions d'œuvres du Salon.

Un schéma classique de la presse illustrée se précise donc pour ne plus jamais se démentir : après l'évocation des préparatifs (« la dernière touche ») ou de l'intolérance du jury et le compte rendu du vernissage, les caricaturistes donnent des vues d'ensemble de l'exposition, ciblent telle ou telle vedette désignée et évoquent enfin les contrecoups de l'événement.

D'une manière générale, dans la plupart des journaux à caricatures ou tout simplement à images, le Salon, textuel ou imagé, est encadré, pris entre d'autres épisodes de la vie sociale et culturelle. « En attendant l'ouverture du Salon », « Indiscrétions »[10], « Visites dans les ateliers », tels sont les titres les plus fréquents des articles ou des planches dans les semaines qui précédent l'ouverture. Dans les mois qui suivent, les « revues », trimestrielles ou annuelles du *Charivari*, de *L'Illustration* ou du *Journal Amusant* par exemple, récapitulent les faits marquants des mois écoulés et ne manquent pas d'évoquer à nouveau les artistes ou les œuvres qui ont fait parler ou polémiquer.

Les alentours du Salon annuel ont donc donné lieu à une abondante iconographie[11]. Parmi ceux qui illustrèrent la vie-artiste, Daumier est le plus fameux, le plus talentueux mais

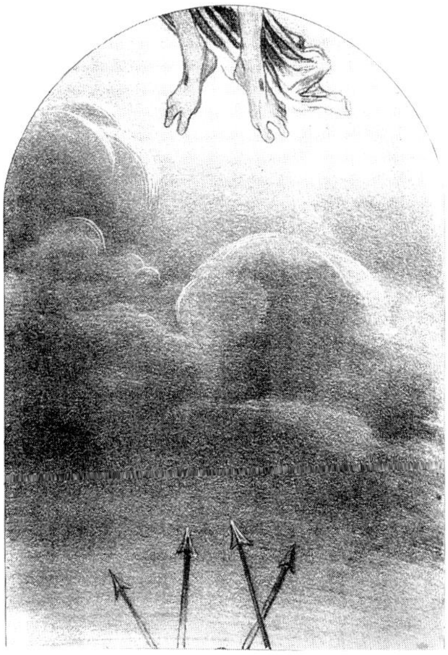

Cat 10

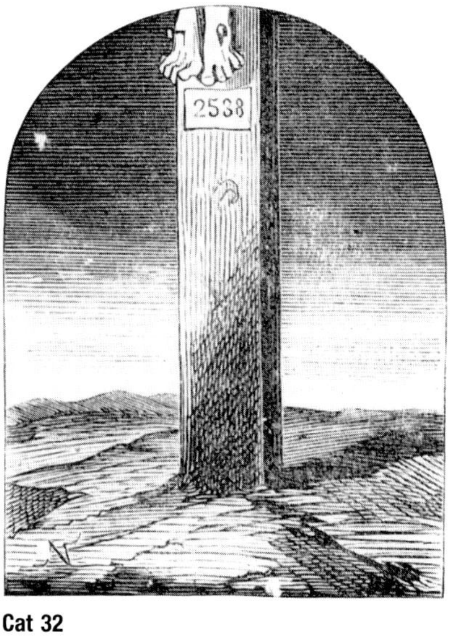

Cat 32

surtout le plus fin analyste. Son exemple est assez singulier puisque c'est à lui que l'on doit vraisemblablement les deux premières charges d'œuvres peintes qui, sauf erreur, seront uniques dans sa carrière. La première planche **(Cat 9)** est publiée une première fois dans *La Caricature* le 26 avril 1840 puis dans *Le Charivari* le 1er avril 1841 qui publie la seconde **(Cat 10)** le 7 du même mois. Sans spéculer sur ces images assez peu documentées, on peut cependant noter qu'elles ne visent pas une œuvre particulière mais sont des sortes de critiques génériques qui touchent tout à la fois le sujet et son traitement, dans tous les sens du mot[12]. L'artiste, en usant de quelque ressort fantastico-comique, crée une image humoristique, un trait d'esprit autant qu'une vignette de circonstance. Par la suite, quand Daumier situera sa scène devant une œuvre (Courbet ou Moreau) **(Cat 129 et 48)**, ce sera toujours pour stigmatiser le bourgeois niais, jamais pour moquer l'artiste. Si l'on connaît ses attaques contre les systèmes et les pratiques qu'ils instaurent, on sait aussi que sa vision critique s'en prend rarement aux personnes ou à leurs productions.

Le Salon de 1846

Avec le Salon de 1846 **(Cat 17)**[13], leurs trois auteurs, Baudelaire, Banville et Vitu ont sans aucun doute effectué un coup d'essai qui est un coup de maître. Bien que la vignette de la page de titre porte la mention « première année », cette expérience restera sans lendemain et son illustrateur, Raimond Pelez, qui renouvelle l'expérience à une plus grande échelle, laissera surtout son nom attaché à d'autres catégories d'images.

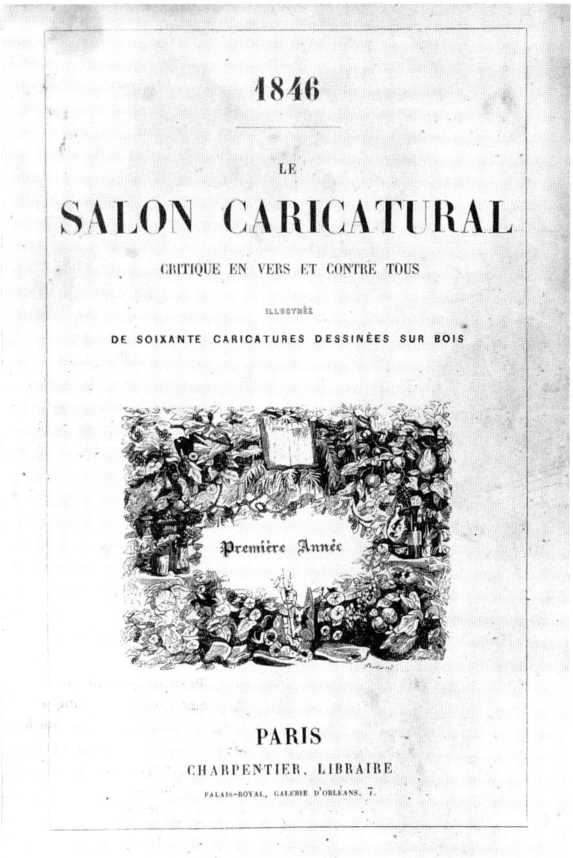
1846

LE

SALON CARICATURAL

CRITIQUE EN VERS ET CONTRE TOUS

ILLUSTRÉE

DE SOIXANTE CARICATURES DESSINÉES SUR BOIS

Première Année

PARIS

CHARPENTIER, LIBRAIRE

PALAIS-ROYAL, GALERIE D'ORLÉANS, 7.

Cat 17

Quoique comportant quelques similitudes avec celui de Bertall, ce Salon est unique à tous points de vue. En raison de ses auteurs, certes, mais aussi à cause de la qualité, de l'originalité des textes et des images et de l'intelligence de leurs rapports. Présenté comme un ensemble clos sur lui-même avec un prologue et un épilogue, cette « critique en vers et contre tous », publiée juste avant le *Salon* de Baudelaire et sûrement après la remarquable « Revue charivarique du Salon » de 1846, illustrée par Cham, peut se lire et se regarder comme une œuvre en soi, valant au-delà des œuvres qu'elle brocarde. En effet, si les charges sont de circonstance, il n'en demeure pas moins qu'elles soulignent des travers formels et signalent des questions esthétiques que le siècle ne cessera d'évoquer. Exposants et exposés, par exemple, sont chacun réunis en une vignette pour montrer leur vanité commune, leur mutuelle satis-

Cat 10
Honoré DAUMIER
« Salon de 1840. Ascension de Jésus-Christ »

Cat 32
NADAR
Nadar jury au Salon de 1857, p. 53 :
Pietà de Timbal

Cat 17
Charles BAUDELAIRE, 1821-1867
Théodore de BANVILLE, 1823-1891 et VITU
1846. Le Salon caricatural en vers et contre tous, page de titre

faction. D'Horace Vernet, on moque le gigantisme des toiles et la peinture au mètre ; de Bellangé, on souligne la répétition des thèmes et le manque d'originalité, tandis qu'à Dedreux, on reproche son simplisme formel. Quant aux *Adieux de Roméo et Juliette* de Delacroix[14] **(Cat 17)**, intitulés « Séparation de corps », la légende affirme : « Je ne puis m'attendrir aux pleurs de Roméo, / Sur son amante qui se vautre : / Car ils ressemblent tant dans cet imbroglio / A des singes de Bornéo / Que chacun devrait être heureux de quitter l'autre ».

Bien d'autres effets graphiques, légendés par des textes savoureux, emplissent encore ces pages : l'inachevé (Ary Scheffer) évoqué par la plume qui complète la composition en débordant du cadre ; l'effet théâtral qui fait confondre les figures sombres de la toile et le mauvais éclairage de la salle par l'entremise de la tache ; ou encore, page suivante, la ribambelle de cadres qui, tout en évoquant le Grandville du *Louvre des marionnettes,* en dit long sur l'accumulation et la préciosité des effets de bordure.

Ces réflexions sur les corniches renvoient à deux questions que l'on ne cessera de poser tout au long du siècle : l'immensité de certaines toiles ou, au contraire, la petitesse de quelques autres (Fig 3). La peinture au mètre (les marines de Gudin...) s'oppose aux miniatures de Meissonier dont on rit sans cesse en évoquant, dans ce *Salon de 1846,* le microscope nécessaire à leur approche ou, ailleurs, la mouche qui les recouvre en entier. Ces allusions trouvent un terrain tiers lorsque les dessinateurs évoquent, à propos des œuvres qui manquent de sens organique, la découpe ou le fait qu'une grande composition puisse être divisée en autant de vues de détail.

Enfin, mais la liste est loin d'être close, sans doute faut-il accorder une place à cette délégation d'un genre particulier qui fait prendre par le jeune Raimon les crayons de son père (Pelez) pour singer le dessin jugé maladroit du peintre Nousveau.

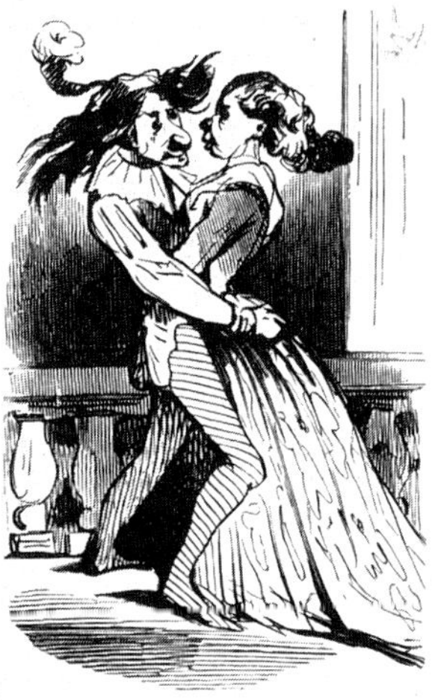

SÉPARATION DE CORPS.

Je ne puis m'attendrir aux pleurs de Roméo,
Sur son amante qui se vautre ;
Car ils ressemblent tant dans cet imbroglio
A des singes de Bornéo,
Que chacun devrait être heureux de quitter l'autre.

Cat 17

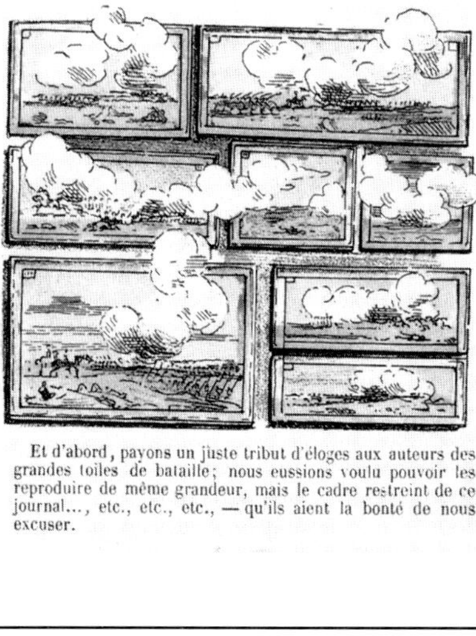

Et d'abord, payons un juste tribut d'éloges aux auteurs des grandes toiles de bataille ; nous eussions voulu pouvoir les reproduire de même grandeur, mais le cadre restreint de ce journal..., etc., etc., etc., — qu'ils aient la bonté de nous excuser.

Fig 3

Cat 17
1846. Le Salon caricatural en vers et contre tous, p. 7 :
Roméo et Juliette de Delacroix

Fig 3
Henry OULEVAY
« En attendant le Salon de Nadar »
Le Journal Amusant, n° 284, 8 juin 1861
Paris, bibliothèque Forney

Cat 22
BERTALL, 1820-1882
« Les Impressions de voyage de la famille Ballot au Musée »
L'Illustration, n° 220, 15 mai 1847, p. 173 : *Jeunes Grecs faisant battre des coqs* de Gérôme et *Judith* de Vernet

Cat 21
Alphonse KARR, 1808-1890
« Les Guêpes au Salon », p. 33 : *Judith* de Vernet

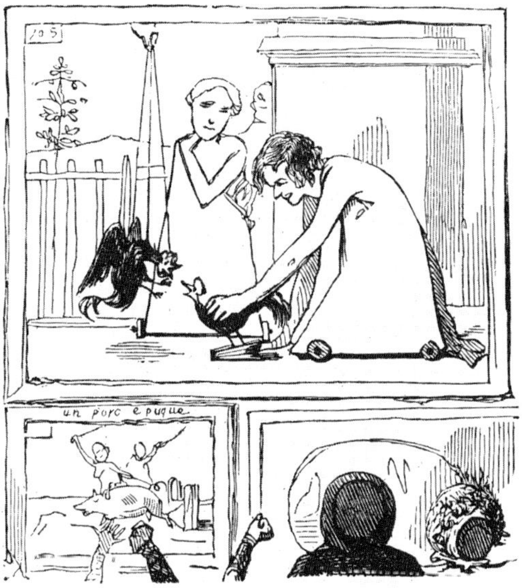

DEVANT LE TABLEAU DE GÉROME.
Le journal dit que c'est beau, et moi aussi. Le fait est que je trouve les poulets é... *épiques*.

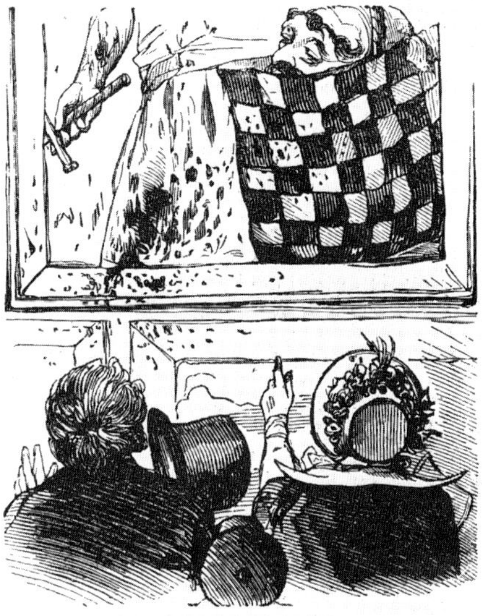

DEVANT LA JUDITH D'HORACE VERNET.
« Comme c'est imité, qu'on dirait du vrai sang. — Et le cabas en tapisserie, qui est à prendre avec la main. — Si on ne jurerait pas celui que la petite t'a donné pour ta fête. »

Cat 22

Le Salon de 1847

Il fallait l'esprit d'un Alphonse Karr et la verve graphique d'un Bertall pour apporter une nouvelle touche à ce genre tout juste naissant. En effet, *Les Guêpes*, petit périodique satirique mensuel créé en 1839 par A. Karr, consacre au Salon l'intégralité de son numéro de mars 1847 **(Cat 21)**. Il s'agit d'un document exceptionnel dont les principales caractéristiques sont recensées ici.

Publié avant le Salon de Bertall dans *L'Illustration* (15 mai) où depuis trois ans Cham l'a rejoint, ce volume de quatre-vingt-seize pages est alors le plus important par le nombre d'œuvres ou d'artistes cités (106) et par le nombre de vignettes : dix sur des sujets divers, quarante-deux sur des œuvres précises, six sur les visiteurs devant *Les Romains* de Couture ; enfin, des guêpes qui ponctuent toutes les pages de ces publications.

Si *Le Combat de coqs* de Gérôme est cité, il n'est pas représenté alors qu'il l'est dans *L'Illustration* qui, d'autre part, reproduit une autre interprétation de la *Judith* de Vernet **(Cat 21 et 22)**. Pour le reste, de nombreuses particularités sont à relever notamment celles qui éclairent le rapport du texte à l'image caricaturale. Au sujet du *Salon à quatre heures* de Biard, un lien est

— 33 —

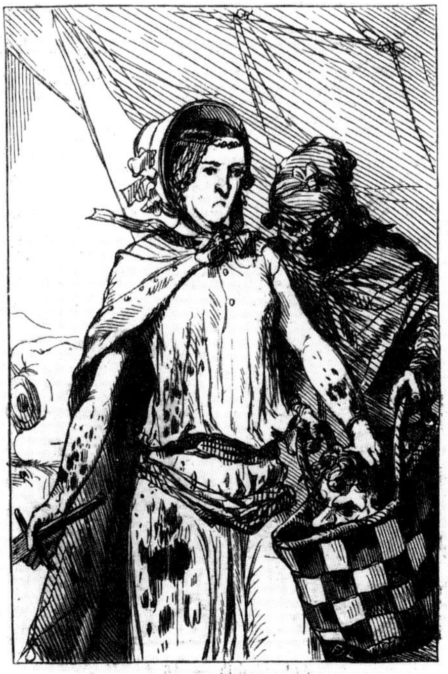

Judith et son cabas. — 1591

5

Cat 21

Ce que l'on voit et ce qu'on entend au Salon, par Bertall.

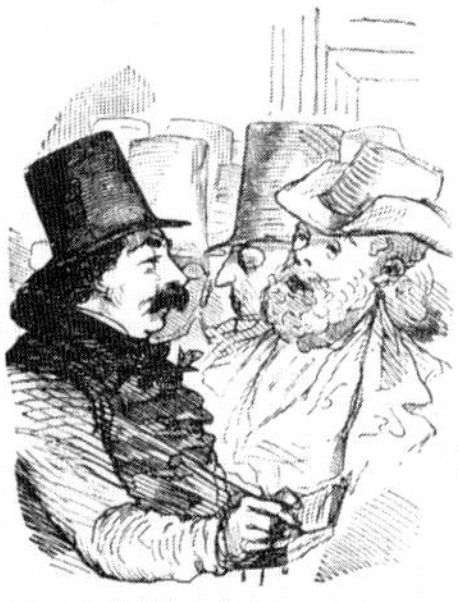

CHŒUR DE CRITIQUES.
L'art est aisé, mais la critique est difficile.

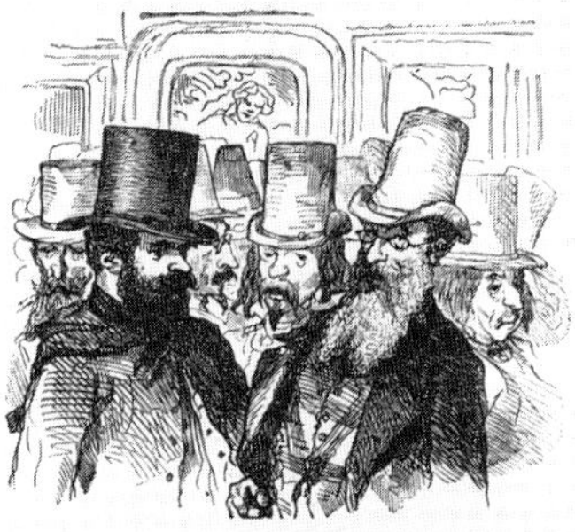

CHŒUR D'ARTISTES.
Les critiques sont des bourgeois.

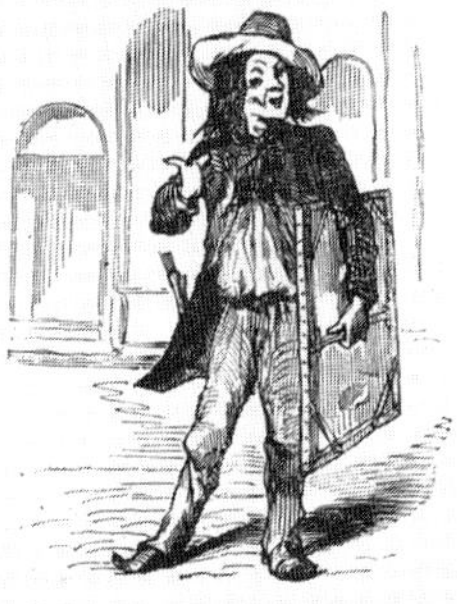

SOLO DE RAPIN.
La critique est Thésée, et l'art est Hippolyte.

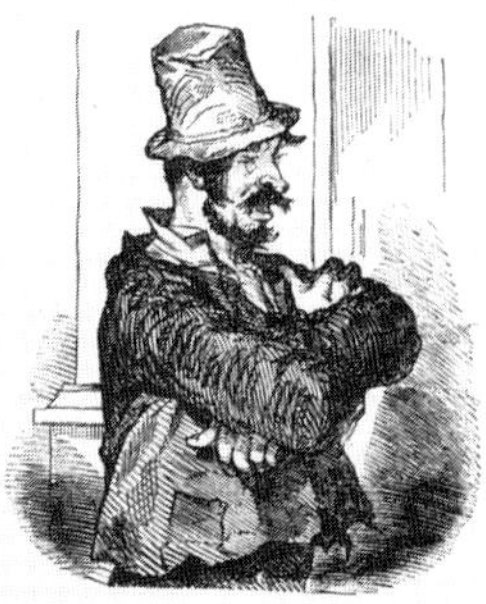

LA VOIX DU PEUPLE.
Les artistes et les bourgeois, c'est tous des muffes.

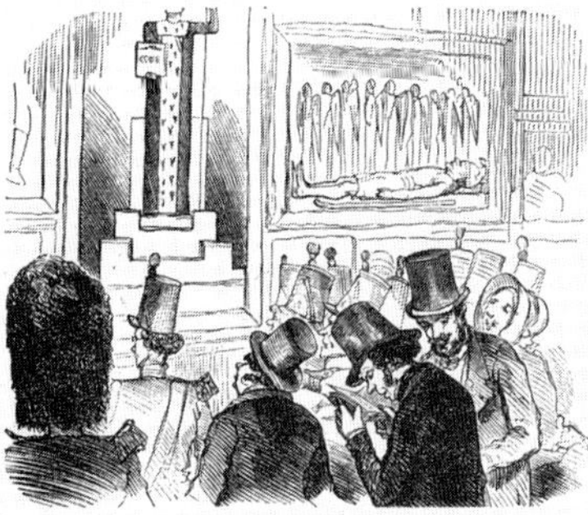

« De qui donc ce grand Flandrin de Napoléon! — C'est un grand Napoléon de Flandrin. »

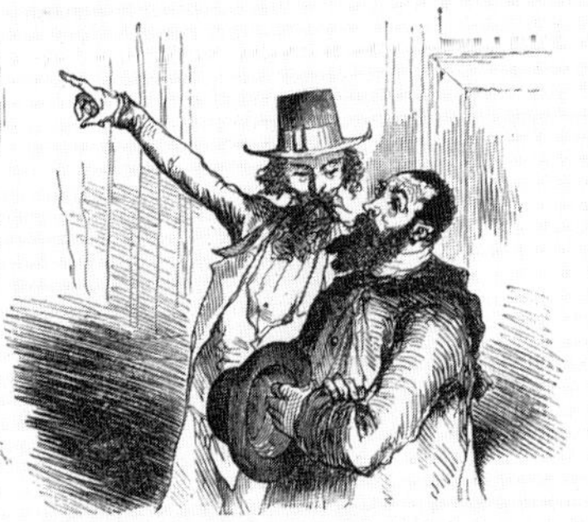

« Il est bien ton tableau, il n'est même pas mal; mais, vois-tu, il y a là une petite épaule qui ne s'attache pas. — C'est pas encore verni. »

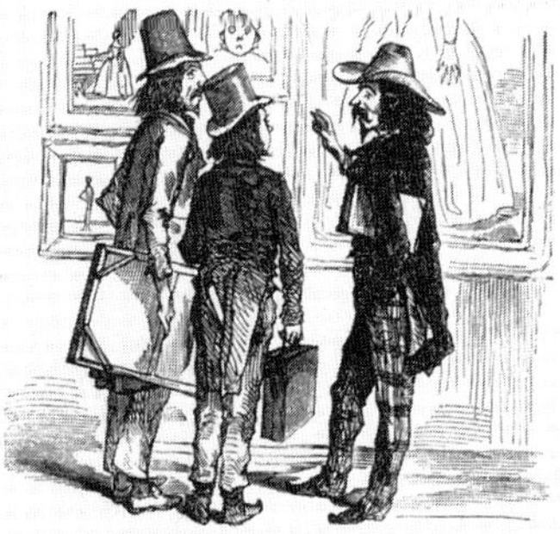

« Tant pis si je me coule, je me lance dans le portrait, j'enfonce Dubuffe. Procure-moi donc une princesse ou une marquise — Je vas te chercher ça. »

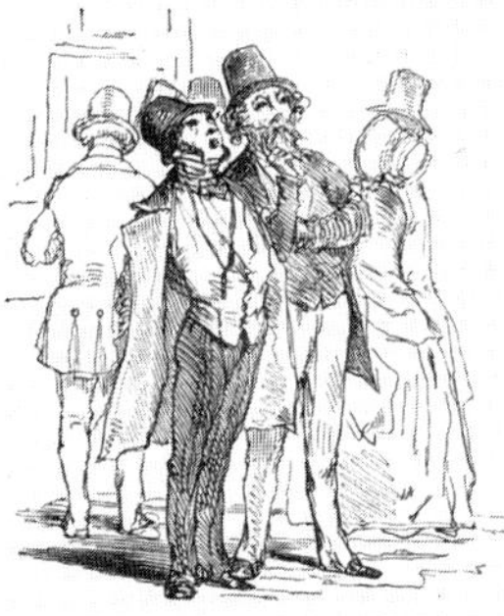

DEVANT LE TABLEAU DE COUTURE.
« J'aime la composition, mais pas la couleur. — Pourquoi ça! — Tous les hommes sont gris. — Eh bien! — Eh bien! — Puisque c'est une orgie. — Tiens, c'est vrai. »

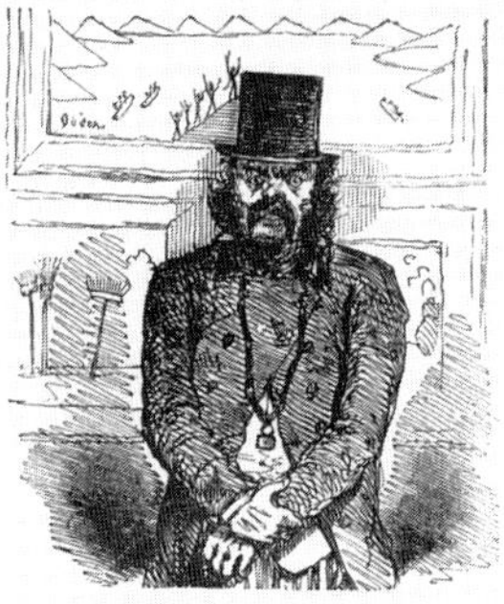

UN DÉPUTÉ DE LA GAUCHE.
Tant de toile gâtée, et le peuple n'a pas de chemises!

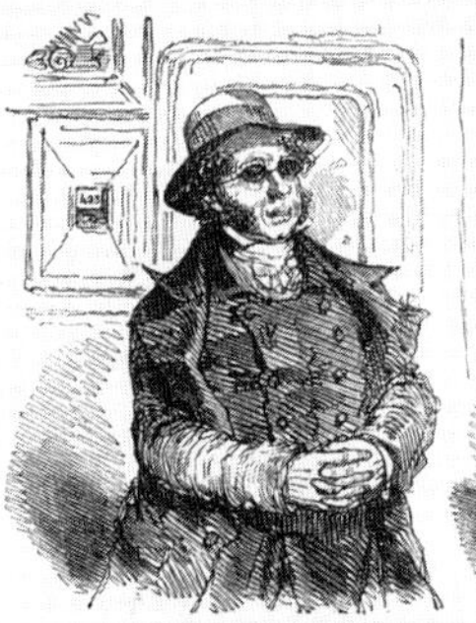

UN DÉPUTÉ DU CENTRE.
O prévoyance du gouvernement, le peuple croit qu'il va manquer de pain, on lui montre combien le pays est riche en croûtes.

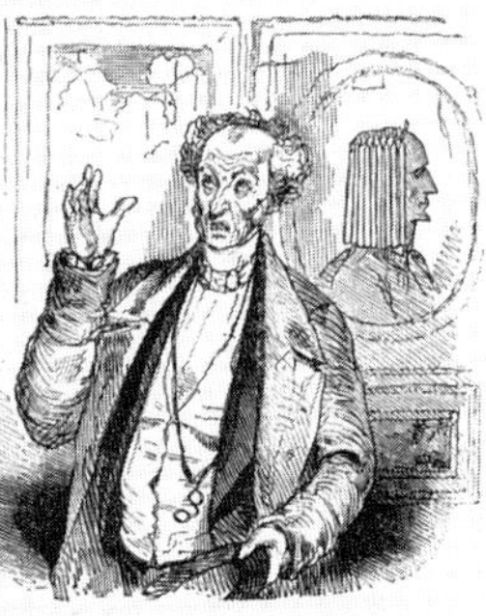

UN DÉPUTÉ DE LA DROITE.
Ah! si ces toiles fussent restées blanches.

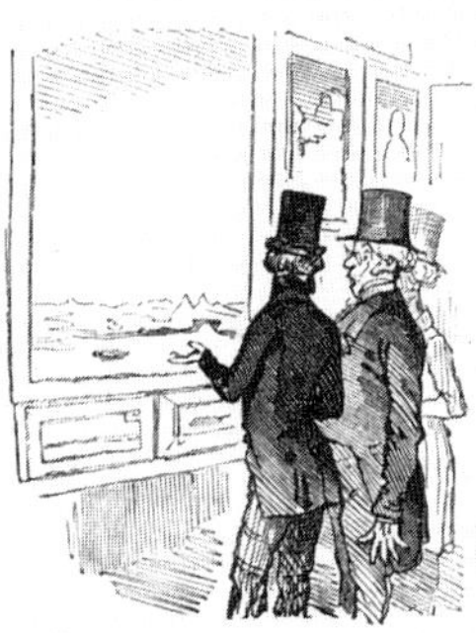

« C'est donc beau, ça! — Oui, il paraît que décidément les arbres n'existent qu'à l'état de préjugé. Un artiste consciencieux doit donc peindre la terre, glabre de végétation, et débarrassée de la verdure et des herbages, ces moisissures du fromage terrestre. »

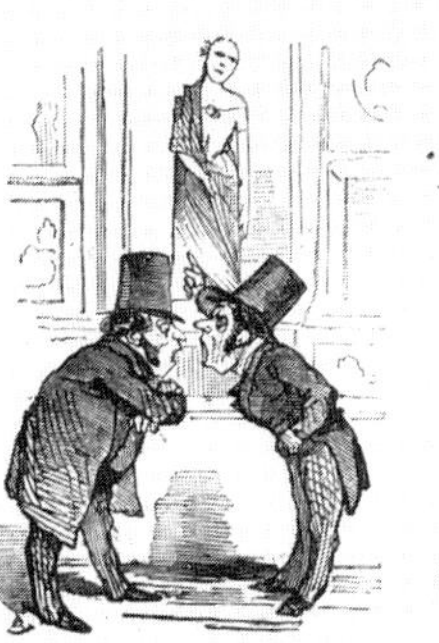

M. Tissier ayant fabriqué le plus beau châle de l'exposition, MM. Cuthbert et Biétry viennent vérifier s'il est cachemire pur ou trame laine et coton.

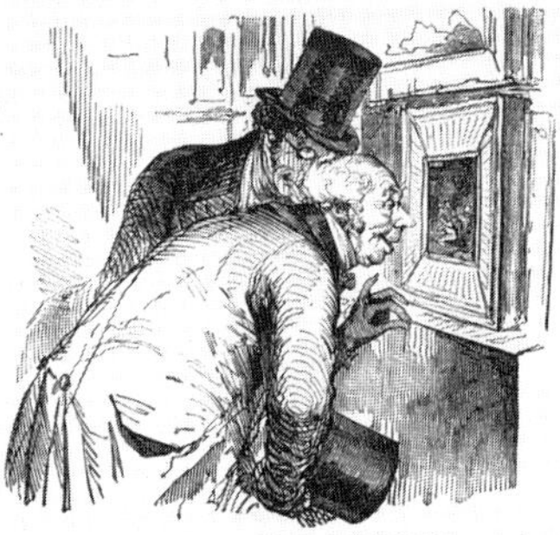

Ça, c'est du nanan!

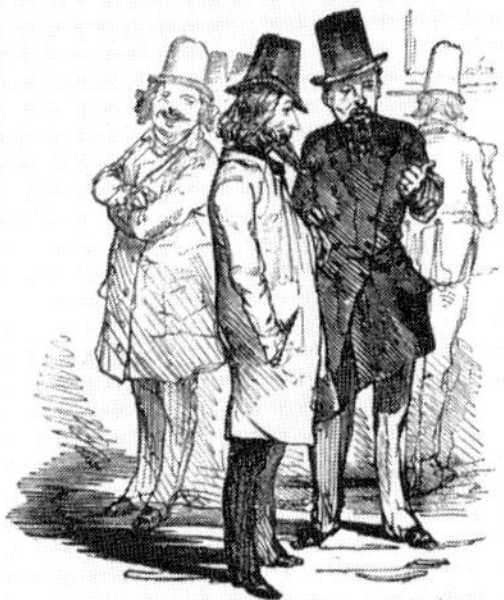

« Tu vois, ce mossieu! — Il est bien laid. — Ça ne fait rien. — C'est un épicier! — Oui, une variété, c'est un critique. — Eh bien! — Eh bien! il disait hier que mon tableau ne vaut pas grand'chose. — Bah! — Et que le tien ne vaut rien. — Quel crétin. »

Cat 22

Les impressions de voyage de la famille Ballot au Musée, par Bertall.

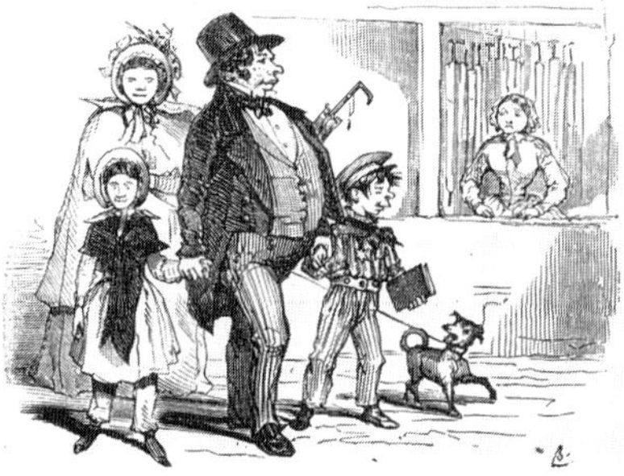

M. Ballot, électeur ; madame Ballot, sa dame ; son jeune homme et sa demoiselle se rendent au Muséum.

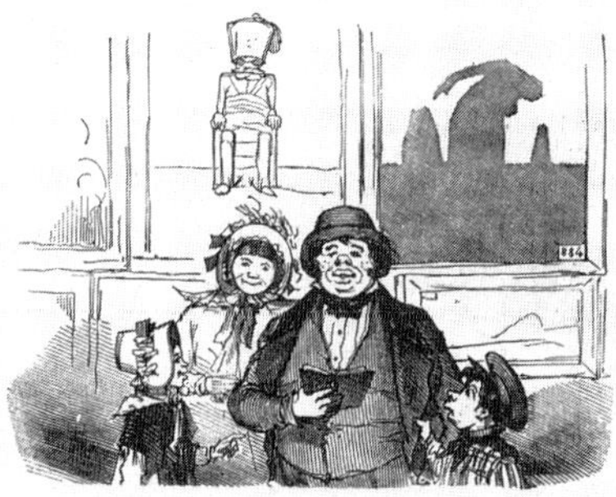

DEVANT COUTURE.
« Dis donc, Ballot, il doit y avoir là pour de l'argent de la couleur. — Oh ! la couleur grise n'est pas si chère que les autres.—Papa, pourquoi donc qu'ils dorment tous comme ça ! — Mon fils, c'est parce qu'ils sont couchés. —Papa, pourquoi donc qu'ils ont l'air de s'ennuyer ! — Ma fille, c'est que c'était bien sûr leur manière de s'amuser dans ce temps-là. »

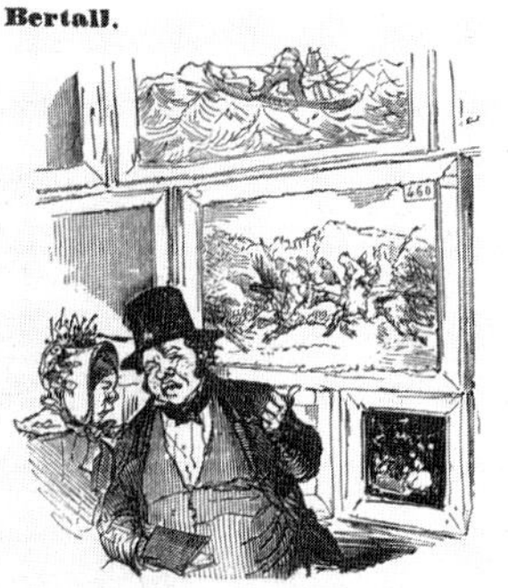

DEVANT DIAZ ET DELACROIX.
Quel babouillis, qué salade ! Ça vous a pourtant un cadre d'au moins 40 fr. Merci !

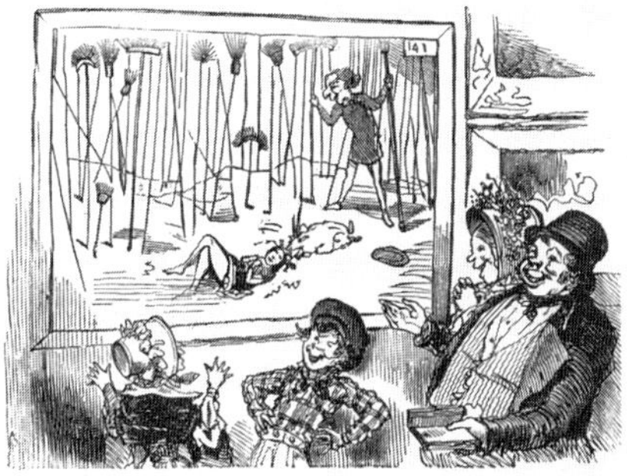

Dieu de Dieu, que ce mossieu Biard est farce, mais qu'il est donc farce !

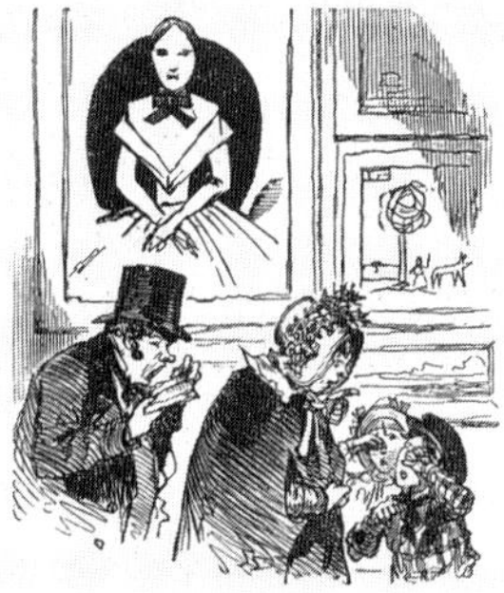

« M'man, est-ce que nous n'allons pas bientôt nous en aller, ça m'ennuie. — Tu crois donc que ça nous amuse, nous, mais il faut bien tout voir. »

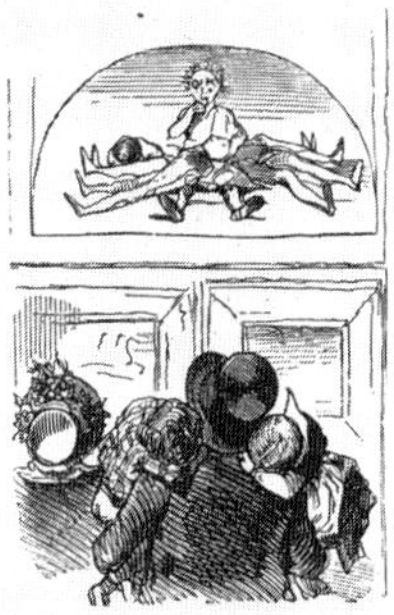

Ugolin se dispose à déjeuner avec sa famille.

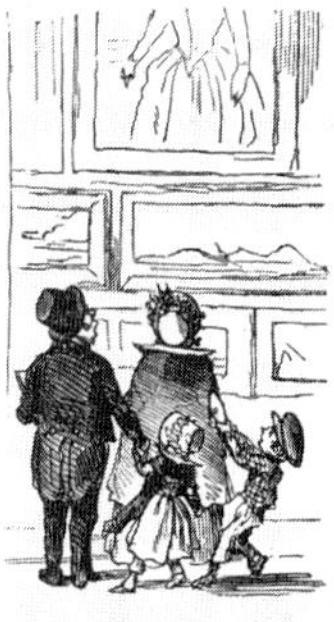

Tiens, tiens, tiens, madame Pitanchon qui s'est fait tirer en portrait.

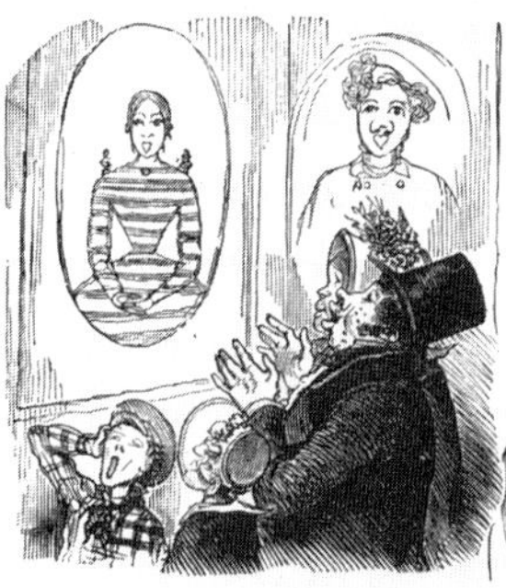

DEVANT UN PORTRAIT DE PERIGNON.
Oh ! à la bonne heure, en v'là un qu'il n'y a pas de grumeloté dans sa peinture ; v'là qué que chose de propre et de luisant, qu'on s'y mirérait ; vois un peu ton adresse.

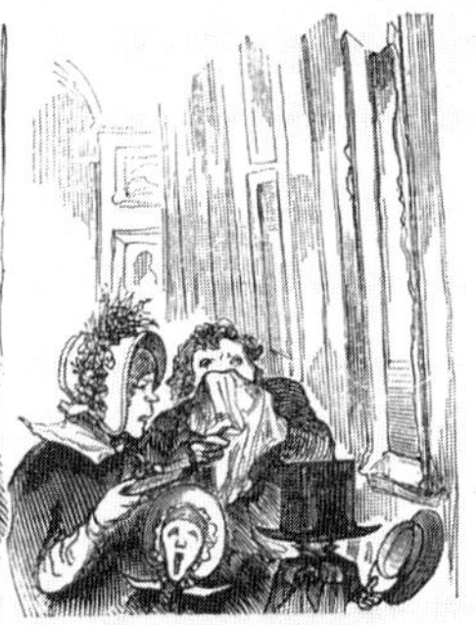

DEVANT UN PORTRAIT DE JULES LAURE.
Aimes-tu ça, monsieur Ballot ! Je trouve ça trop naturel ! Tu n'as donc pas lu dans le journal que *faire nature, c'est une bêtise !* J'aime pas ça.

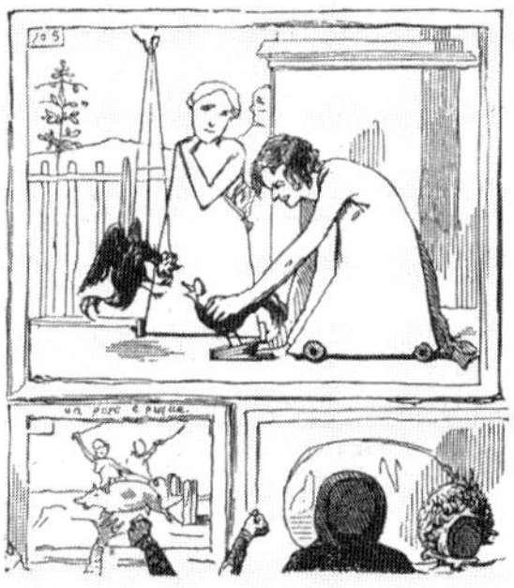

DEVANT LE TABLEAU DE GÉROME.
Le journal dit que c'est beau, et moi aussi. Le fait est que je trouve les poulets é... *épiques.*

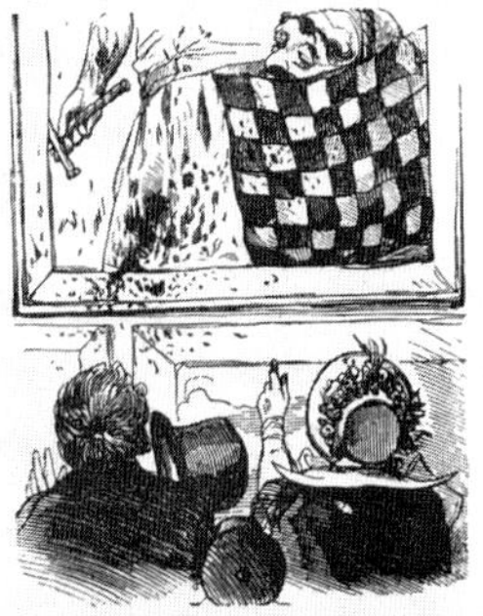

DEVANT LA JUDITH D'HORACE VERNET.
« Comme c'est imité, qu'on dirait du vrai sang. — Et le cabas en tapisserie, qui est à prendre avec la main. — Si on ne jurerait pas celui que la petite t'a donné pour ta fête. »

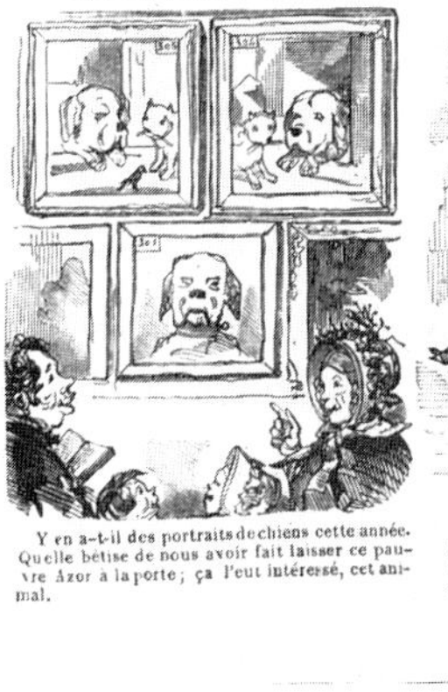

Y en a-t-il des portraits de chiens cette année. Quelle bêtise de nous avoir fait laisser ce pauvre Azor à la porte ; ça l'eut intéressé, cet animal.

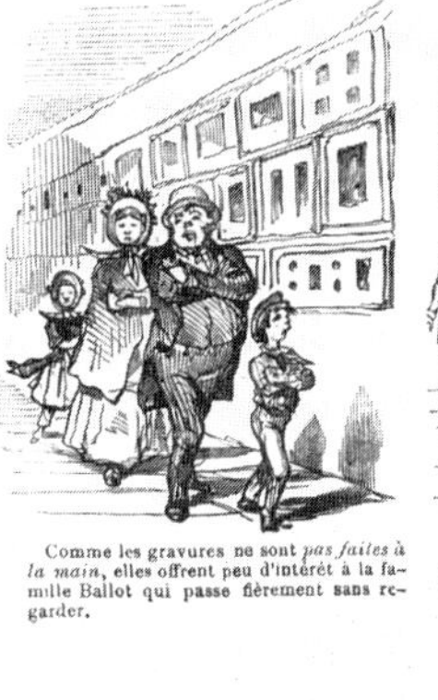

Comme les gravures ne sont *pas faites à la main*, elles offrent peu d'intérêt à la famille Ballot qui passe fièrement sans regarder.

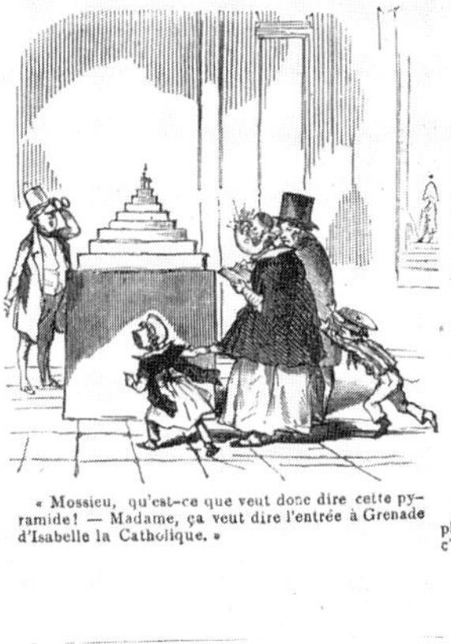

« Mossieu, qu'est-ce que veut donc dire cette pyramide ! — Madame, ça veut dire l'entrée à Grenade d'Isabelle la Catholique. »

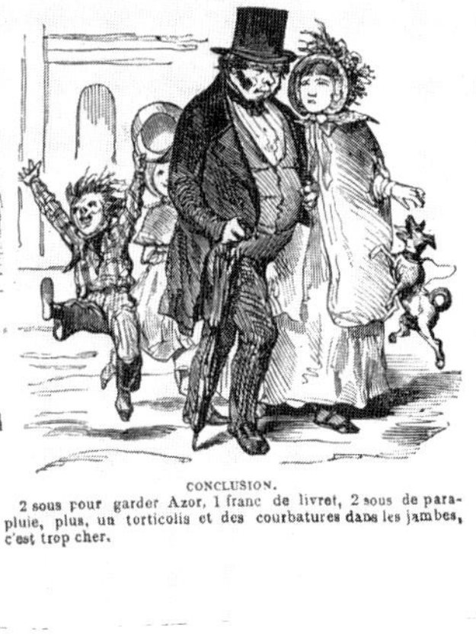

CONCLUSION.
2 sous pour garder Azor, 1 franc de livret, 2 sous de parapluie, plus, un torticolis et des courbatures dans les jambes, c'est trop cher.

Cat 22

tissé entre la nature de l'œuvre et le statut que l'auteur lui fait tenir. « *Le Salon à quatre heures* par M. Biard, est une charge médiocre, qui rassemble toujours devant elle douze ou quinze personnes. Une peinture qui a le même succès de comique est un tableau sérieux du même M. Biard, représentant *Henri IV et Fleurette.* Cette peinture d'arbres feuille à feuille, d'herbes brin à brin, est fort malheureuse et fort singulière. Certains bourgeois ne permettent plus à M. Biard de ne rien faire de sérieux — rient beaucoup, non à la vue de cette image, mais à la vue de la signature : "Biard ! Ah ! c'est de Biard... farceur, va !" » (p. 59). L'attaque est vive puisqu'elle touche les intentions sinon le concept même d'une peinture drolatique que l'on ne pourrait exécuter qu'à son corps défendant !

A. Karr évoque un autre auteur par un procédé littéraire qui se situe entre le cautionnement et le faire-valoir ironique : « M. Théophile Gautier, dont les articles sur le Salon sont écrits, ou plutôt peints avec le plus riche coloris et la verve la plus soutenue a parlé avec un grand éloge des *Deux jeunes grâces faisant battre des coqs,* de M. Gérôme. Je n'aime pas la jeune fille, qui ressemble, par la forme, à une dame-jeanne de terre cuite : le reste est fort remarquable. » (p. 37). Bertall se nourrit de cette métaphore textuelle pour composer sa version parue dans *L'Illustration* où la jeune fille ressemble effectivement à une poterie et le jeune homme à un jouet à roulettes ; il se situe alors comme un véritable interprète de l'idée. Ce traitement de la métaphore verbale par le trait est l'un des ressorts de la caricature en général et l'un des procédés préférés dans les Salons caricaturaux.

Un autre procédé qui, comme les autres, sera souvent repris, est de souligner le comique à travers l'effet qu'il est censé produire : « M. Bertall — ne pouvant ou ne voulant pas se moquer du tableau de M. Couture — s'est amusé aux dépens des spectateurs, et a recueilli quelques propos tenus devant l'*Orgie romaine* **(Cat 21)**. Il les a retracés sous ces vignettes. » (p. 21). Ce fait, riche de conséquences, confirmerait l'idée que si une œuvre prête à rire, ce sont ses spectateurs-détracteurs circonstanciels qui en sont le gage. Enfin, jouant sur les homonymies, A. Karr feint de rendre vivante la représenta-

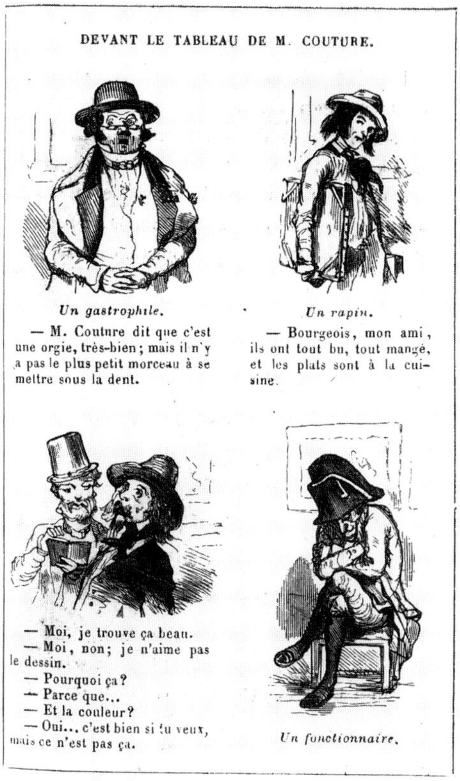

Cat 21

tion par un effet de miroirs sinon de mise en abîme qui joue sur les caricaturistes et les caricaturés afin d'interroger, sans doute, la notion même de caricaturable.

« Le Noé de M. Delestre s'est enivré — Cham s'est moqué de son père, son père le maudit. Le patriarche a un bras trop gros, qu'on est forcé de soutenir et d'étayer. On reproche généralement à l'artiste l'attitude peu respectueuse des autres enfants de Noé. Sem et Japhet ne paraissent pas mériter plus d'indulgence que leur frère.

M. Cham, le dessinateur, est son propre parrain. Il est fils de M. de Noé, pair de France. Sa famille, dit-on, ne voyant pas favorablement le caractère grotesque de son talent, a exigé qu'il ne signât pas les caricatures de son nom — il s'est alors appelé Cham, fils de Noé. Aussi M. Bertall prétend que Noé maudit Cham parce que celui-ci lui a fait une mauvaise charge[15]. »

On le voit, ces *Guêpes au Salon* marquent

sans nul doute un jalon dans la genèse des Salons caricaturaux. Les années qui suivent vont voir se développer ces Salons comiques dans bien des directions qui, d'ailleurs, ne feront souvent qu'exploiter les ressorts mis en place par ces incunables du genre.

Le Salon caricatural comme « genre »

On l'aura compris, le Salon caricatural est un phénomène parisien né entre les grands boulevards et les passages de la rive droite. Si les journaux de province développent sûrement peu ce type de résumé comique, c'est qu'ils se sentent assez éloignés des bons mots et des petits maux de la capitale même s'ils font référence à quelques-unes des conventions du genre comme Marcel, par exemple, dans *L'Étincelle* de Toulouse au sujet du Salon de l'Union artistique **(Cat 43 et 44)**.

Le Salon caricatural est le produit d'un double engouement : celui pour les Salons écrits et celui pour la caricature. C'est un lieu commun de rappeler que la critique d'art est une activité obligée pour tout homme de lettres ou écrivain au XIXe siècle. De Gautier à Zola ou Huysmans en passant par Baudelaire, chacun écrit son Salon et les critiques d'art sont légion[16].

La presse comique ouvre elle aussi ses colonnes aux commentateurs. Dans *Le Monde pour Rire* du 30 mai 1868, Pierre Virmaître s'exprime ainsi : « Mais c'est un usage traditionnel : tout journal qui se respecte doit parler du Salon, il se fonde même des journaux pour cette circonstance. Faisons donc comme tout le monde. » Et dans *Le Courrier Français* du 3 mai 1885, Philidor ironise en ces termes : « Depuis Diderot jusqu'au joyeux Pierre Véron[17], tous les êtres qui ont reçu le don de l'écriture se sont crus obligés de faire, au moins une année, leur “Salon”, avec l'intention non dissimulée de relever le niveau de l'art français. On sait où cela nous a conduit. » Malgré ces remarques, les « Lettres sur le Salon de 1885 » signées Ch. de Fonds dans ce même numéro et dans les suivants sont exactement dans le ton de ce qui vient d'être décrié.

Ces exemples ne sont que deux parmi bien d'autres mais ils sont assez explicites pour rappeller, encore en 1885, que l'écriture d'un Salon est un rite car l'exposition « centre de consécration et de rayonnement qui régit toute la production des images en France »[18] est un événement majeur.

Dire que la caricature s'infiltre partout au XIXe siècle et surtout sous le second Empire, c'est peu dire. Le phénomène prend une telle ampleur que ne pas être caricaturé est ressenti comme une sorte d'injure. Autrement dit, ce mode particulier d'illustration, quand il n'est pas politique, est le versant comique nécessaire et attendu de tout fait social.

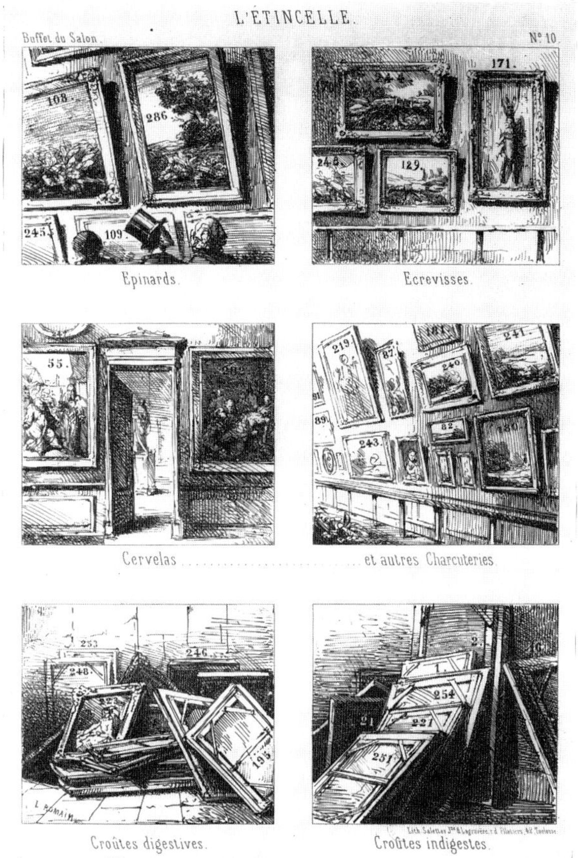

Cat 43

Cat 21
Alphonse KARR
« Les Guêpes au Salon », p. 30 : « Devant le tableau de M. Couture »

Cat 43
L. ROMAIN
« Épinards, Écrevisses... »

Le Salon caricatural est donc un Salon comique qui rend compte d'un fait majeur de la vie artistique par des images savoureuses. C'est un livret illustré qui livre peut-être l'avis de son auteur, mais surtout, dans la majorité des cas, celui de l'opinion, de la doxa telle que la définit Roland Barthes : « La doxa, c'est l'Opinion publique, l'Esprit majoritaire, le Consensus petit-bourgeois, la Voix du naturel, la Violence du préjugé[19]. »

Lorsque *L'Éclipse* du 14 juin 1868 **(Cat 165)** annonce le numéro de *Gill-Revue* **(Cat 167)** consacré au Salon, c'est en ces termes qu'il le fait : « André Gill donne cette semaine la parodie-revue du Salon. Toutes les toiles qui, *à des titres différents* (je souligne), ont attiré l'œil du public, revivent dans cet album, transfigurées en gaîtés folles et en ingénieuses ironies. » Il ne fait pas de doute que les Salons caricaturaux donnent ainsi un aperçu assez juste de la perception immédiate et populaire des œuvres d'art. Parallèle aux Salons sérieux destinés aux amateurs, décernant ses récompenses qui ne sont pas nécessairement celles du jury, le Salon caricatural est une sorte de livret annoté, un lieu où la censure, graphique et verbale, s'exerce peu ; un jeu sur les sujets et les composants formels.

Les Salons caricaturaux et l'histoire

L'évolution historique des Salons caricaturaux est assez simple à circonscrire. Hormis leur parallélisme avec l'histoire des journaux comiques et la question particulière de l'intrusion du politique, les faits majeurs à retenir sont de deux ordres.

Les Salons caricaturaux de la fin du règne de Louis-Philippe sont davantage des textes illustrés que des suites d'images légendées. Le commentaire verbal l'emporte relativement aux paraphrases des vignettes parce qu'un « auteur » est à l'origine du projet ou parce que l'« illustrateur » se veut critique d'art. Lorsque les dessinateurs veulent manifester leurs velléités d'écriture, ils le font dans les pages de leurs albums, très rarement dans celles des périodiques. Dans ceux-ci en effet, les propos des caricaturistes sont distincts de ceux des salonniers.

A partir des années 1850-1855, l'espace dévolu aux gens du crayon est spécifique et étendu mais le contenu des images est répétitif et souvent faible. Lorsque les meilleurs dessinateurs ont à investir leur talent au double registre du texte et de l'image, ils produisent eux-mêmes le lieu de cette union comme les albums de *Nadar Jury* en 1852 **(Cat 115)** et en 1857 **(Cat 32)**, le *Gill-Revue* de 1868 **(Cat 167)** ou *Le Grelot au Salon* de Bertall en 1872 **(Cat 60)**. Ce sont des modèles du genre, des créations originales où le texte et l'image sont dans un parfait accord d'intelligence.

L'autre nuance historique touche la vaste question du rapport des Salons caricaturaux aux reproductions dans la presse ou dans les albums du Salon. Les repères événementiels se posent aisément à deux dates symboliques : 1843 et 1876. La première rappelle la rivalité entre le Salon de Bertall et l'album de Challamel ; la seconde est celle de la parution du premier livret illustré **(Cat 64)**. Si l'on admet qu'un Salon caricatural est aussi un aide-mémoire selon l'adage qu'« un bon dessin vaut mieux qu'un long discours », on comprend le plaisir des rapins, de quelques gens d'esprit et d'une part du « grand public » à mémoriser les œuvres par l'intermédiaire d'une charge.

Dès lors qu'en un même support, la reproduction accompagne la description objective d'une œuvre, sa représentation parodique devient un réflexe à la mode au détriment d'une critique à la forme et aux contenus originaux.

Cat 31
BERTALL
« Le Salon dépeint et dessiné »
Le Journal pour Rire, nº 95, 23 juillet 1853, p. 2, 3 et 4 :
Delacroix, Ingres, Courbet

Histoire et politique

On ne manque jamais de signaler que l'histoire de la caricature, au-delà des individualités et des vicissitudes, est liée à la vie politique et aux instruments privilégiés du pouvoir en la matière : la censure et les lois sur la presse. Quand les régimes se sentent menacés, la presse subit les assauts des censeurs et se voit contrainte à privilégier la satire de mœurs. Ainsi, les Salons caricaturaux subissent-ils les contrecoups des tensions entre libéralisme et autoritarisme, raison pour laquelle les faits majeurs qui marquent leur essor et leur évolution sont assez simples à circonscrire. L'un des plus grands spécialistes du genre, *Le Journal pour Rire* **(Cat 31)**, sera aussi l'un des plus fameux journaux satiriques. Fondé au crépuscule du règne de Louis-Philippe, le 5 février 1848, il est ainsi défini par Philipon, son fondateur : « C'est le musée Philipon[20] transformé en journal hebdomadaire : de la gaîté toujours, de l'esprit tant qu'on peut, de la politique jamais... grâce aux lois de septembre[21]. » La révolution de 1848 allait aussitôt le démentir et provoquer une multiplication des charges politiques jus-

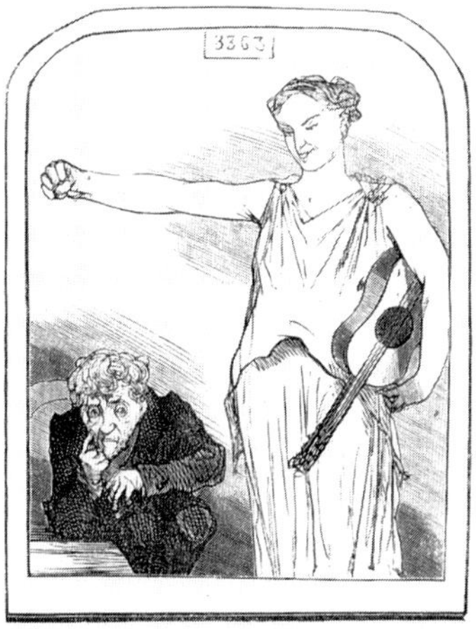

11712

Essayez vos forces là, messieurs, par M Ingres.

On tremble pour ce pauvre petit vieux sur lequel est suspendu le poing de mademoiselle Damoclès. — Recevra-t-il un renfoncement ? N'en recevra-t-il pas ! — Cette belle peinture vous émeut et vous captive.

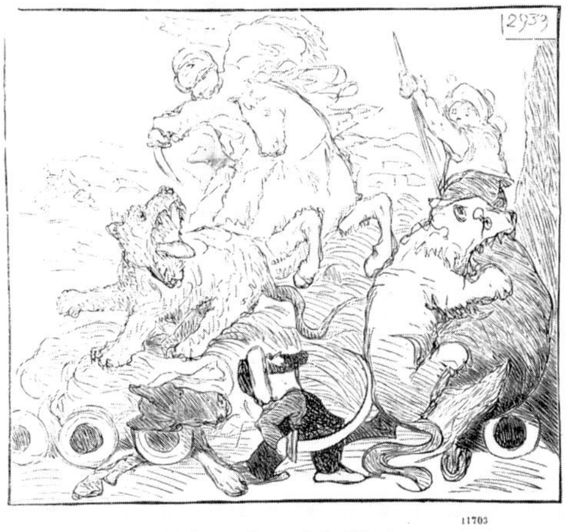

11703

La chasse au lion, par Eugène Delacroix.

Ce tableau d'Eugène Delacroix est un des plus magnifiques du maître. Il y a dans cette superbe toile un cheval rose qui fait l'admiration des connaisseurs. Le lion qui dévore d'une même bouchée un cheval bleu et un homme rouge est admirable d'énergie. Quant au ciel vert qui domine cette scène, il est au-dessus de tout éloge.

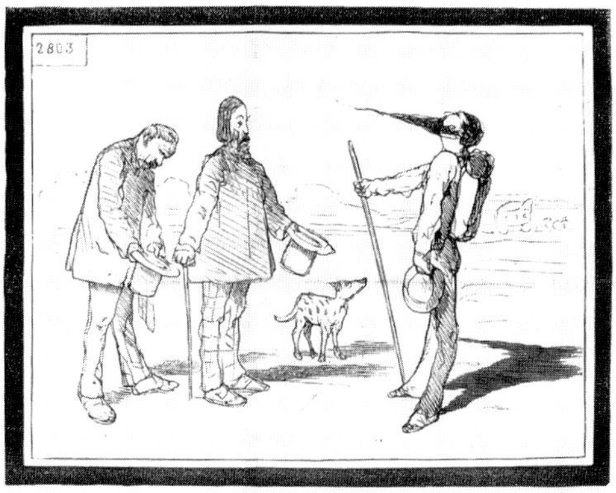

11719

La rencontre, par Courbet (le plus courbé des trois n'est pas celui qu'on pense).

— Bonjour, monsieur Courbet ; comment vous portez-vous !
— Merci, monsieur Bruyas ; je m' port' pas mal, et vous !
— Où allez-vous comm' ça ! — Je vais en diligence,
Avec mon sac sur l' dos pour fair' mon tour de France,
Sur l'air du tra.....

M. Bruyas rencontre l'homme de génie en bras de chemise comme un simple mortel, et le fait contempler à l'un de ses amis et à son chien. M. Bruyas est respectueux, l'ami ébloui, le chien confondu ; Courbet est simple et digne. — Un véritable chef-d'œuvre.

Cat 31

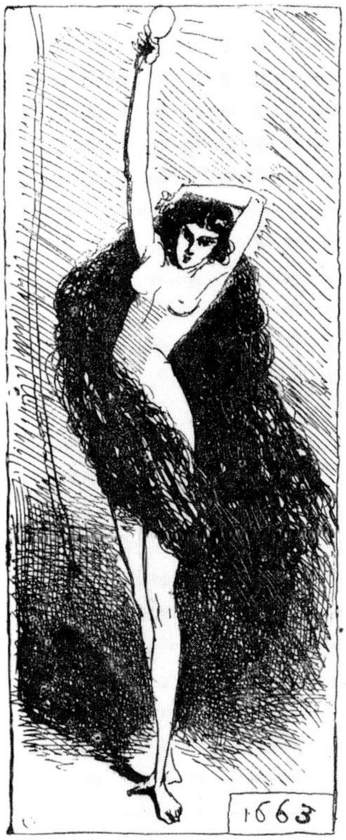

M. LEFEBRE.
Une trop grande vérité.

Fig 4

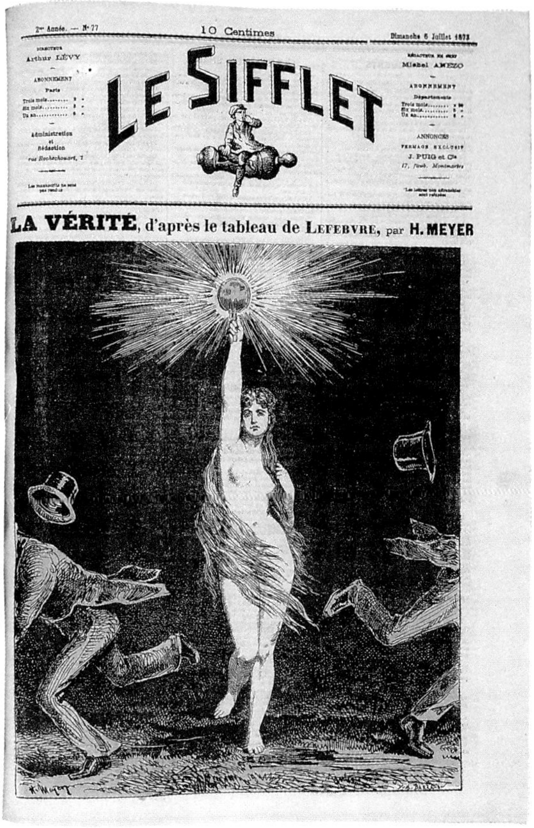

Fig 5

qu'à la naissance de l'Empire qui interdit toute allusion directe au politique et contraint les rédacteurs et les illustrateurs à la caricature de mœurs. Les « unes » fameuses que Bertall crée à l'occasion du Salon ne doivent pas faire oublier ses charges féroces contre Louis-Napoléon Bonaparte par exemple. Le 1er janvier 1856, Philipon transforme cet hebdomadaire qui prend le nom de *Journal Amusant* mais garde pendant six ans son ancien titre comme sous-titre.

Le deuxième phénomène important, parfaitement visible si l'on suit la courbe des nouveaux titres de la presse à caricatures, est leur multiplication à la fin de l'Empire « libéral ». D'après la liste dressée par Robert Jones, la période 1856-1866 voit naître treize journaux alors que treize se créent en 1867, onze en 1868 et neuf en 1869. 1870 est bien entendu une période peu propice mais 1871 voit la courbe remonter à douze créations où les organes d'opinion prédominent. Autrement dit, en simplifiant à l'extrême, l'Empire « libéral » donne naissance à un très grand nombre de périodiques et, parmi ceux-ci, à un nombre élevé de journaux satiriques illustrés.

Les nouveaux venus de l'ère 1867-1869 consacrent souvent des pages aux mœurs artistiques, ceux qui publient des Salons caricaturaux à proprement parler sont les suivants : *Le Bouffon* **(Cat 156)**, *L'Image* **(Cat 158 et 176)**, *Le Paris-caprice* **(Cat 166)**, *La Chronique illustrée, L'Éclipse, Gill-Revue, La Marotte* **(Cat 160)** et *Le Monde comique.* Certains connaissent une existence très brève comme *La Marotte* qui ne publie que dix numéros.

Durant les années qui entourent immédiatement la Commune, de nombreuses références à la vie politique émaillent l'actualité, y compris celle des arts. A des degrés divers, du plus léger au plus dramatique, les illustrateurs font allusion au politique comme Cham qui établit un parallèle entre le Salon et le plébiscite du 8 mai 1870 : « – Malédiction ! un plébiscite à l'époque du Salon ! ils l'ont fait exprès pour détourner l'attention de mon tableau. » Mais ce qui semble retenir l'attention des humoristes, cela n'est pas nouveau d'ailleurs, semble être plutôt le procédé du détournement de « fonction » sinon de « sens ». L'œuvre de Gérôme, *Le Marché d'esclaves,* exposée au Salon de 1867 et caricaturée par Cham **(Cat 94)** devient dans le numéro du 18 juin 1870 de *L'Éclipse* sous la plume de Gill « La Liberté vendue », allusion à la vente à bas prix du journal par E. de Girardin.

La fameuse toile de Lefebvre *La Vérité* exposée au Salon de 1870, chargée deux fois différemment par Cham dans *Le Charivari* **(Cat 95)** et dans *L'Esprit Follet* (Fig 4), se retrouve en première page du *Sifflet* (Fig 5), périodique anti-bonapartiste et anti-royaliste, le 6 juillet 1873, juste après l'arrivée de Mac-Mahon au pouvoir et l'avènement de l'ordre moral par le gouvernement Broglie. La Vérité, simplement « reproduite », fait fuir deux protagonistes effarouchés.

Le même journal, après avoir publié son habituel « Panthéon-Meyer » consacré à Manet **(Cat 144)**, illustre la première page du numéro suivant (10 mai 1874) d'un cadre vide portant le n° 1142, la signature « J.J. Lefebvre » et un titre en gras « Portrait princier » accompagnés de la légende « accepté au Salon par le Jury, refusé au "Sifflet" par la censure » (Fig 6). Très souvent censurée, *La Jeune Garde* **(Cat 68 et 99)**, hebdomadaire politique, humoristique et satirique créé en 1877 pour défendre la cause bonapartiste est contraint dans le numéro du 20 mai de border de noir sa première page où est inscrit « Liberté ! Hommage à la censure républicaine ». La deuxième page donne l'explication « avec toutes les formes de la plus exquise politesse, nous avions offert à dame Censure, dite Anastasie, trois dessins dont voici le menu », le deuxième dessin s'intitule « Le Salon politique », il figure des statues sur les socles desquelles sont inscrites les légendes suivantes : « Loi sur la presse, Loi sur l'amnistie, Loi militaire, Loi municipale » ; un bourgeois regarde les bustes et dit à un ouvrier : « – Quelles beautés ! », l'ouvrier répond : « – Ça ? des blagues ! ».

Les débuts de la IIIe République furent donc difficiles pour la plupart des organes de presse et il fallut attendre 1881 pour que l'autorisation préalable (de publication) et le droit de cautionnement, véritables carcans pour la liberté d'expression, soient supprimés. Entre ces deux dates (1871-1881), soixante-dix nouveaux périodiques comiques voient le jour, parfois encore pour une très courte durée. Certains d'entre eux, hebdomadaires politiques comme *La Jeune Garde* (1877-1880) déjà cité ou *La Question* **(Cat 100)**, journal de la torture (1878) publient néanmoins leurs Salons comiques et confirment ainsi la quasi-obligation de sacrifier au genre.

Fig 4
CHAM
« A l'exposition des Beaux-Arts »,
L'Esprit Follet, n° 56, 4 juin 1870, p. 182 : *La Vérité* de Lefebvre
Paris, Bibliothèque nationale, Imprimés

Fig 5
Henri MEYER
« *La Vérité* d'après le tableau de Lefebvre », *Le Sifflet,* n° 77, 6 juillet 1873

Fig 6
Henri MEYER
« Portrait princier accepté au Salon par le jury, refusé au *Sifflet* par la censure », *Le Sifflet,* n° 121, 10 mai 1874

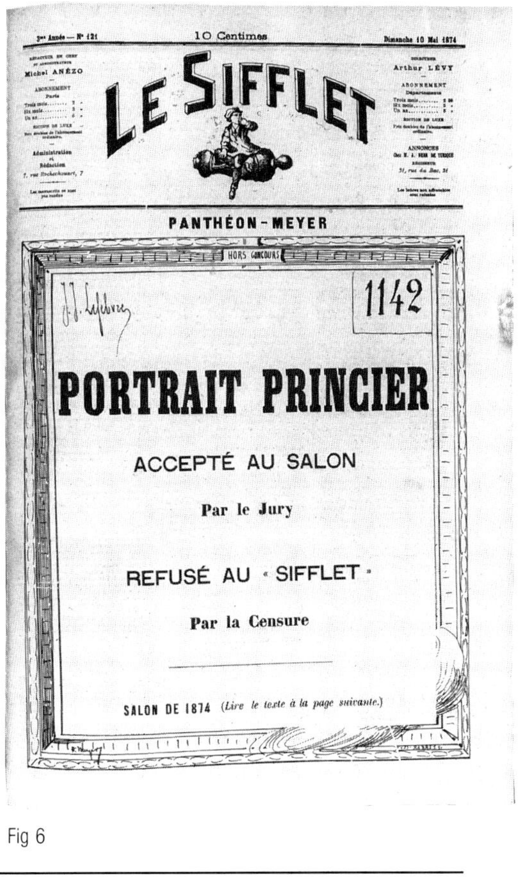
10 Centimes
Dimanche 10 Mai 1874
LE SIFFLET
Michel ANÉZO
Arthur LÉVY
PANTHÉON-MEYER
HORS CONCOURS
1142
PORTRAIT PRINCIER
ACCEPTÉ AU SALON
Par le Jury
REFUSÉ AU « SIFFLET »
Par la Censure
SALON DE 1874 (Lire le texte à la page suivante.)

Fig 6

Déclin et fin

Les années 1880-1900 verront encore apparaître beaucoup de publications qui ne manquent pas de traiter, ici ou là, les rites artistiques et parfois même le Salon en tant que tel : *Le Canard* et *Le Chat noir* (créés en 1882) **(Cat 75)**, *La Bouillabaisse* (1883), *Le Courrier français* (1884) **(Cat 77)**, *La Cravache* (Fig 8) (1885). Pendant ces vingt dernières années du siècle, les albums comiques ou livrets fantaisistes se multiplient sous une forme finalement assez proche des livrets de la fin du XVIIIe siècle mais dans un « esprit 1900 » parfois un peu lourd ou frôlant le trivial. *Le Salon comique de 1880* illustré par Nidrac, *Le Salon humoristique* de Stop **(Cat 80)** édité en 1888, le *Comic-Salon* de Willy (1892) illustré d'assez médiocres charges de Christophe **(Cat 82)** sont quelques-uns des titres qui parodient, sans grande imagination ni réelle force pertubatrice, les œuvres les plus en vogue.

La disparition de Courbet en 1877 et celle de Manet six ans plus tard, le fait que les jeunes générations désertent de plus en plus le Salon officiel, expliquent en partie le manque de « motivations » des dessinateurs. Les Salons comiques des années 1885, encore parfois assez drôles, s'attaquent à une majorité d'artistes oubliés aujourd'hui ou aux gloires de l'Académie.

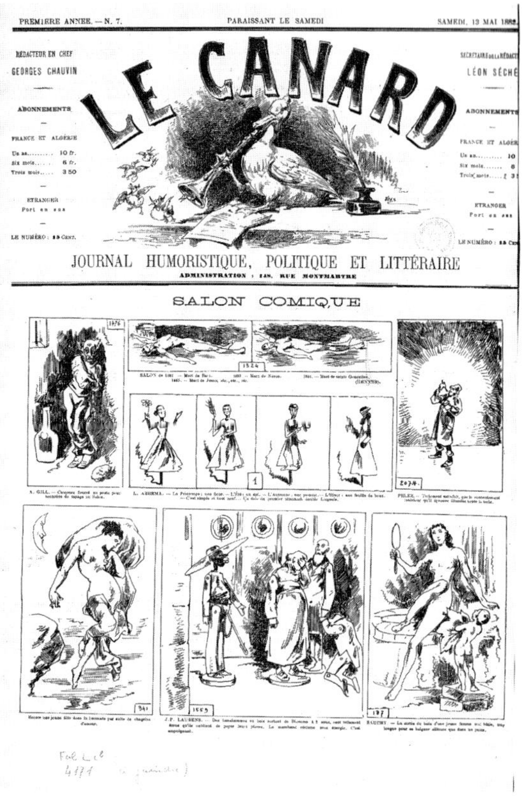
PREMIERE ANNEE. — N. 7. PARAISSANT LE SAMEDI SAMEDI, 13 MAI 1882

RÉDACTEUR EN CHEF GEORGES CHAUVIN

LE CANARD

LÉON SÉCHÉ

ABONNEMENTS — FRANCE ET ALGÉRIE — Un an 10 fr. — Six mois 6 fr. — Trois mois 3 50 — ETRANGER Port en sus — LE NUMÉRO : 15 CENT.

JOURNAL HUMORISTIQUE, POLITIQUE ET LITTÉRAIRE

ADMINISTRATION : 148, RUE MONTMARTRE

SALON COMIQUE

Cat 69

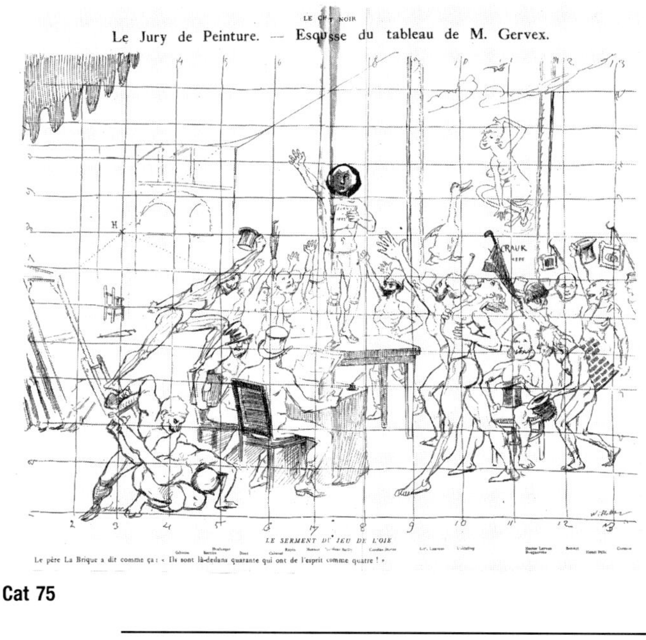

Cat 75

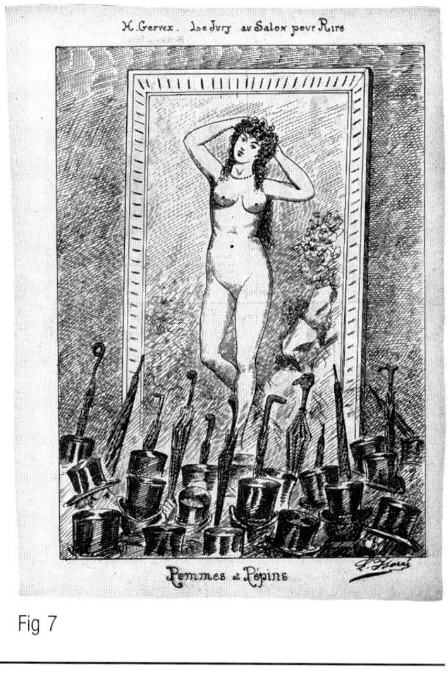

Fig 7

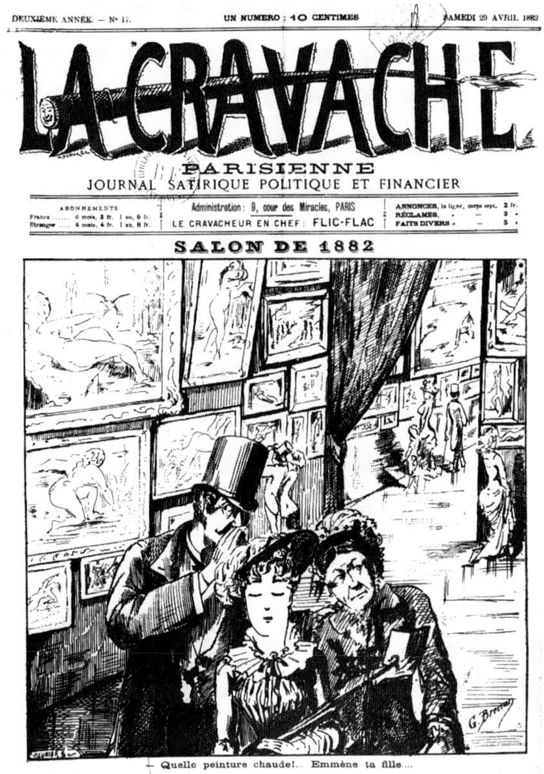

Fig 8

leurs effets pour constituer l'une des bases de leurs manifestations. La boucle semble bouclée entre le prélèvement d'éléments comiques dans les œuvres sérieuses et la transformation en œuvre des calembours visuels. Nul doute que le regard moqueur ou désabusé sur l'Art gagne de nouvelles lettres de noblesse en passant des colonnes aux cimaises mais c'est aussi une autre période qui s'annonce, plus sceptique et dandy[22].

En réalité et symboliquement, après la disparition de *L'Éclipse* en 1876, la qualité des Salons tend à baisser et indique une incontestable usure du genre, y compris chez les trois grands aînés, *Le Charivari* (1832-1893), *L'Illustration* (1843-1943) et *Le Journal pour Rire-Amusant* (1848-1928), qui continuent à publier assez régulièrement leurs pages consacrées au Salon.

A plus d'un titre, les Salons de Robida publiés dans son propre journal, *La Caricature* **(Cat 71 et 73)**, sont les seuls à renouveler le genre grâce à l'imaginaire très riche de ce dessinateur. A la fin du siècle, la création du *Rire* et de quelques

Est-ce également un hasard si Jules Lévy fonde les « Arts Incohérents » en 1882 **(Cat 81)** ? Ce regroupement de fantaisistes de tout poil emprunte aux Salons caricaturaux leurs meil-

Cat 69
UZES
« Salon comique »
Le Canard, nº 7, 13 mai 1882

Cat 75
A. WILLETTE, 1857-1926
« Le Jury de peinture. Esquisse du tableau de R. Gervex », *Le Chat Noir,* nº 173, 2 mai 1885, p. (2-3)

Fig 7
ISORE
« H. Gervex. Le Jury au Salon pour Rire. Pommes et Pépins », *La Halle aux charges,* nº 170, mai 1885
Paris, Bibliothèque nationale, Imprimés

Fig 8
G. BRESSAN
« Salon de 1882 », *La Cravache,* nº 17, 29 avril 1882
Paris, Bibliothèque nationale, Imprimés

Cat 73
Albert ROBIDA, 1848-1926
« Le Vernissage », *La Caricature,* nº 280, 9 mai 1885

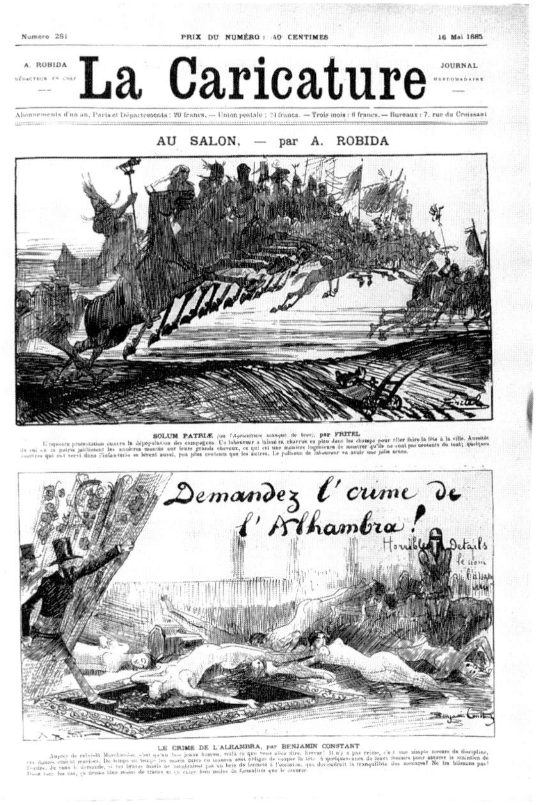

Cat 73

journaux comiques, donnera l'occasion aux illustrateurs de donner des planches très originales sur les mœurs du Salon plutôt que sur les œuvres elles-mêmes : Léandre **(Cat 88)**, Guillaume **(Cat 83-86)**, Métivet **(Cat 89)**. Lorsque de grands artistes comme Vallotton **(Cat 87)** s'essaient à l'exercice, il n'est pas sûr que la réussite soit patente.

Les manifestations avant-gardistes du début du XXe siècle relanceront quelque peu la verve des illustrateurs mais pour une très courte durée. Si l'après-guerre de 1914 voit émerger quelques exemples disséminés (dans *L'Art vivant* par exemple), il est manifeste que le phénomène est passé de mode comme la forme de presse qui l'accueillait.

Les caricaturistes et leurs points de vue

Les auteurs de salons caricaturaux sont des témoins oculaires exerçant leur talent dans les divers domaines de l'illustration, comique ou sérieuse, la caricature n'étant pas l'unique objet de leur activité. Les quatre principaux artistes à avoir réalisé des Salons caricaturaux : Bertall, Nadar[23], Cham[24] et Gill[25], comptent parmi les plus célèbres producteurs d'images du XIXe siècle. Leurs occupations sont diverses, de l'illustration au portrait-charge, de la peinture à la photographie. Il va de soi qu'aucun d'entre eux ne s'est fait une spécialité du Salon comique non plus que les dizaines d'autres qui s'y sont essayés. Pour évoquer ces quatre personnalités souvent très attachantes, nombre de leurs œuvres peuvent être citées à titre d'exemples.

Si, de Bertall on évoque les illustrations pour l'édition Furne de Balzac, on peut aussi rappeler que le mode parodique ne s'applique évidemment pas seulement aux arts plastiques mais tout autant à la littérature ; les troisième et quatrième livraisons des *Omnibus* ne sont-elles pas consacrées aux *Buses-Graves* **(Cat 111)** d'après Victor Hugo ?

De Nadar, il faudrait tout citer, des portraits-charges du Panthéon à l'aérostation, de la photographie au journalisme **(Cat 113, 114 et 115)**. Ce républicain engagé, né la même année que Bertall (1820), laisse son nom attaché à la petite histoire de l'histoire de l'art par les Salons qu'il donne d'abord à *L'Éclair*, revue hebdomadaire de la littérature, des théâtres et des arts, fondé par Villedeuil et les Goncourt. La deuxième et dernière année d'existence de ce journal accueille ensuite le Salon de Majos tandis que Nadar édite son fameux *Nadar-jury*, quelque peu concurrent de celui de Bertall, dans *Le Journal pour Rire* **(Cat 28-31)**, dans les pages du *Tintamarre*, du *Rabelais* ou enfin du *Journal Amusant* où il remplace celui de Bertall. Comme d'autres de ses confrères et Cham en particulier, les séries de Nadar sont reprises en albums. Celui de 1852, édité par *L'Éclair* est une plaquette de douze pages et de soixante-neuf charges ; celui de 1853 comporte « de 60 à 80 dessins coloriés » et un « compte rendu d'environ 800 tableaux, sculptures, etc. » : celui de 1857, fort de ses soixante-douze pages, s'enorgueillit d'être riche de mille comptes rendus et illustré de cent cinquante dessins.

La liste des scènes de mœurs mises en images par Cham est impressionnante **(Cat 116-123)**. Outre ses albums dans le genre de Töpffer, il reprend beaucoup de ses vignettes parues dans *Le Charivari* essentiellement, dans les fameux « albums à un franc » qui brossent un panorama complet de la société de son temps. Ses premiers Salons comiques datent de 1846 (dans *Le Charivari*) et ses premiers livrets du début des années 1850. Il poursuivra sa tâche jusqu'en 1878, année de sa disparition.

André Gill (Louis Gosset de Guines), d'origine aristocratique comme Bertall ou Cham, mais aussi comme Quillenbois, autre amateur de calembours visuels, est l'une des grandes figures de la fin du second Empire et des débuts

Cat 113
Carlo GRIPP (Charles Tronssens, dit)
« Dernière incarnation de Nadar », *La Lune*, n° 2, 20 mai 1866, p. 4

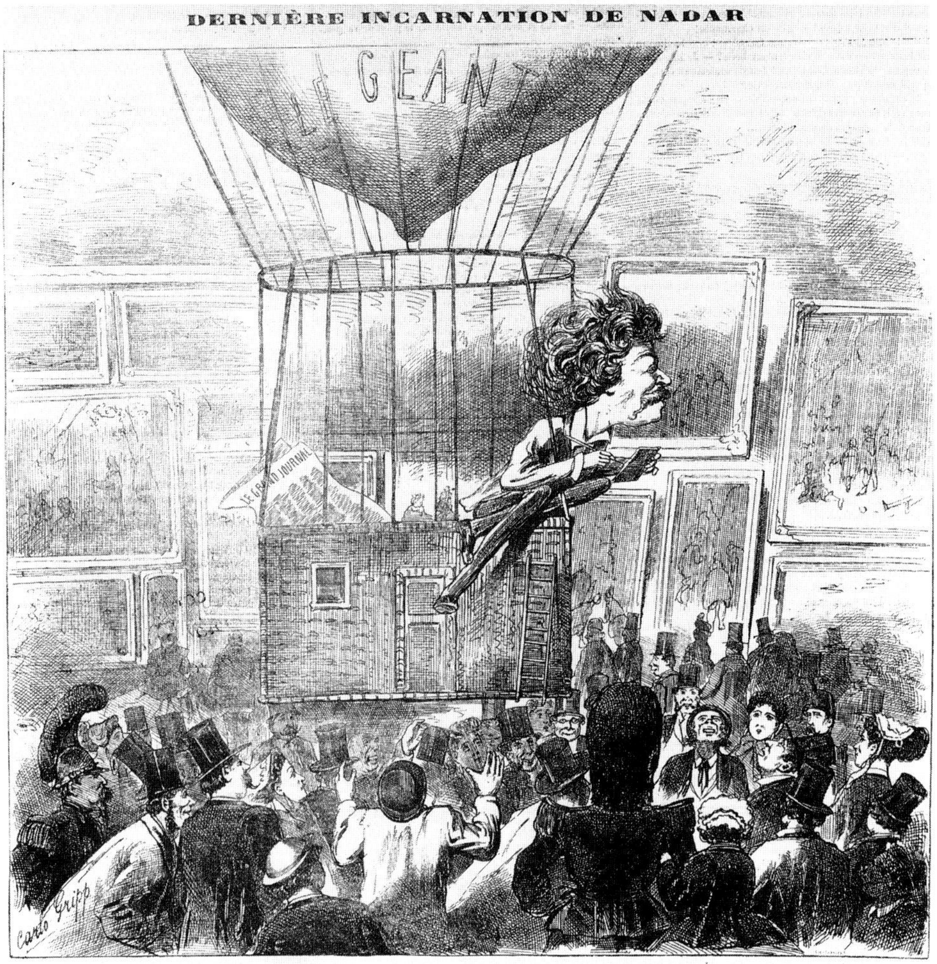

Cat 113

de la IIIe République **(Cat 124 et 125)**. Aidé au début de sa carrière par Nadar et Philipon, le jeune Gill devient rapidement une personnalité avec qui compter. Il publie ses dessins dans divers journaux mais laisse surtout son nom attaché à la création de *La Lune* **(Cat 52)**, de *L'Éclipse* **(Cat 56)**, de *La Parodie* ou des *Hommes d'aujourd'hui*. Ses biographes s'attachent à brosser de lui le portrait d'un homme généreux et instable, républicain désappointé par les lendemains de la Commune, ami de Jules Vallès ou d'Émile Cohl, il finit ses jours à Charenton où il meurt le 3 mai 1885.

Les travaux de chacun de ces quatre illustrateurs font naître des remarques quant à leur situation et à leur point de vue sur le métier d'illustrateur ; elles aident à mieux situer le statut polymorphe des Salons caricaturaux.

On a compris que Nadar fait œuvre de critique d'art autant que d'illustrateur comique. Son engagement et son goût personnel sont décelables lorsqu'ils sont en contradiction avec l'obligation qu'il se crée de donner des caricatures. Si *Les Glaneuses* de Millet ont droit à leurs plaisanteries dans l'album de 1857, elles s'accompagnent d'un commentaire très favorable et, deux ans plus tard, au sujet des *Gardiennes de vaches* épinglées dans *Le journal amusant*, le moqueur se lamente : « Je n'ai jamais tant regretté mon métier si inoffensif qu'il soit de caricaturiste forcé qu'en ce moment où je ne puis témoigner de mon admiration enthousiaste pour ce poème et de toute ma sympathie fervente pour le talent de M. Millet — Qu'on pardonne pour cette fois à ma plume qui a si souvent envie de démentir mon crayon. » (4 juin 1859.)

Cet exemple parmi d'autres suffit à distinguer deux registres : celui de l'écriture, laudative ou réprobative, et celui de l'image, toujours ironique, par nature ambiguë et le plus souvent difficile à décrypter.

Le recul du temps fait ressortir la différence déjà inscrite entre le texte et l'image. D'une manière générale et en raison de la polysémie potentielle de toute image, celle-ci est plus difficile à situer que les textes. Vues de loin, les images comiques provoquent une sorte de consensus quant à leur drôlerie alors que les textes suscitent des partages plus nets, des lectures plus politiques. Si Nadar manifeste de la sympathie pour Millet ou les Impressionnistes, d'autres, comme Bertall, incarnent plutôt un versant réactionnaire de la critique d'art. Ses comptes rendus des expositions impressionnistes parus dans *Le Soir* ou *L'Artiste* illustrent assez bien l'idée d'une caricature écrite : « Dans des cadres ruisselants d'or étaient suspendus des ébauches bizarres, des contournements grotesques, des fracas de couleur sans forme et sans harmonie, sans perspective et sans dessin », phrase à laquelle il rajoute celle-ci, plus conciliante (?) : « Çà et là cependant des morceaux fins, d'un concert juste et vrai, au milieu des fantaisies grotesques, nées dans des cerveaux malades[26]. »

Dans un autre registre, la couverture du *Salon pour rire* de Gill publié en 1864 (Fig 9), assez proche de celle du *Gill-Revue* de 1868, s'orne d'une image emblématique. L'illustrateur tient sa plume et son porte-mine et donne un coup de poing à une statue antique porteuse de lance. Ainsi, l'admirateur de Courbet que, par ailleurs, il ne manque jamais de prendre comme tête de Turc, s'affiche-t-il du côté des « modernes ».

Gill est peintre (**Cat 125** et Fig 10), il expose plusieurs fois au Salon où, comme de nombreux autres, il se voit relégué dans les coins ou

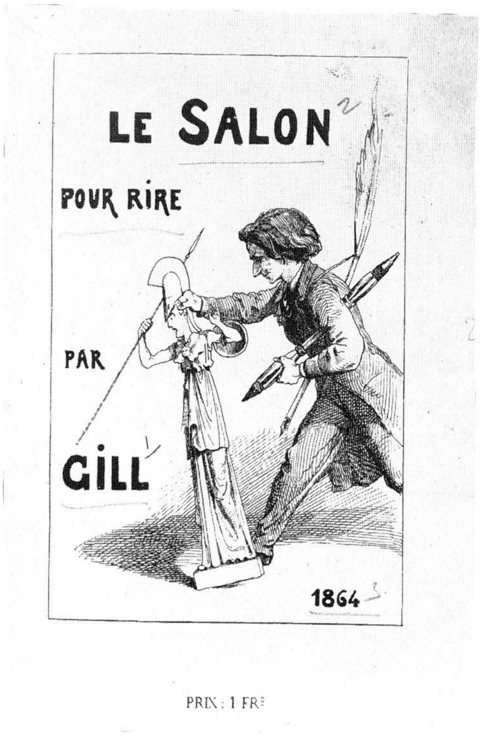

Fig 9

près du plafond. La première page de *L'Éclipse* du 9 mai 1875, « distribution des récompenses », est agrémentée en bas de page, d'une longue vue et du commentaire suivant : « Télescope offert aux lecteurs qui voudront essayer de découvrir le tableau[27] de leur dessinateur dans les régions aérostatiques où la bienveillance officielle l'a placé. »

Cet humour sur soi indique aussi sans doute une espèce de dépit né de la difficile reconnaissance de son œuvre de peintre. Accroché au Salon, l'illustrateur se verra à son tour épinglé par ses confrères comme Hadol (Fig 10) dans le numéro suivant du même journal ou un peu plus tard, dans *Le Canard* (**Cat 69**) du 13 mai 1882. Cette pratique renvoie bien entendu à la coutume de charger ses propres amis ; chacun égratignant l'autre et inversement. A ce sujet, on peut retenir le cas de Gustave Doré qui donne l'un des premiers Salons du *Journal pour Rire* (nº 9, 1er avril 1848. **Cat 26**) et qui sera très souvent la cible de ses confrères à l'occasion de ses envois au Salon, celui de 1868 par exemple.

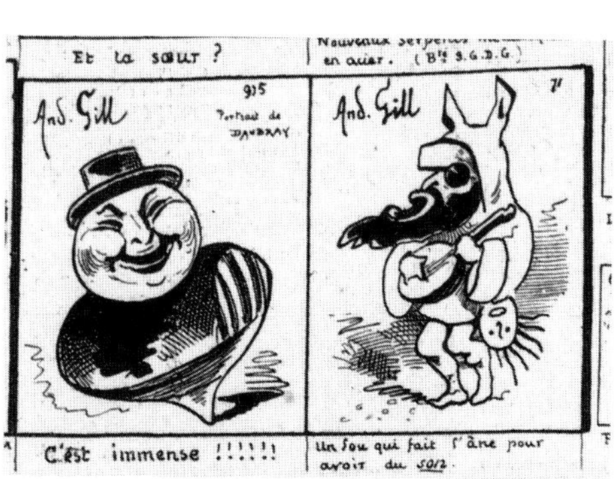

Fig 10

Cham (**Cat 45 et 116,** Fig 11 et 12) est de loin le plus prolifique créateur de Salons caricaturaux

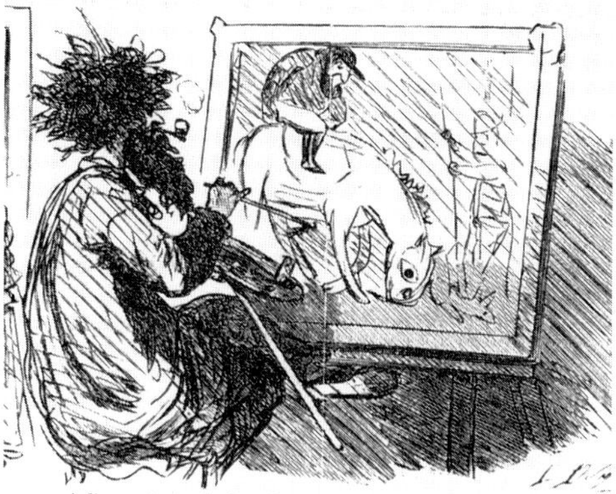

A l'opposé du Jockey-Club, M. Courbet travaille à la détérioration de l'espèce chevaline.

Fig 11

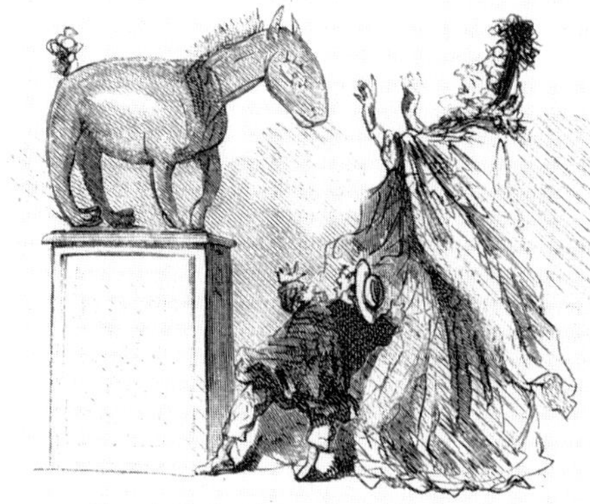

L'art de M. Courbet appliqué à l'industrie des chevaux de bois.

Fig 12

et ses dessins originaux sont relativement accessibles[28]. Les confronter avec leur version publiée dans la presse est amusant et amène quelques remarques. Si l'on admet que les dessins à la plume croqués sur place (comme ceux que Nadar réalise dans son ballon pour le compte du *Grand Journal !* **Cat 113**) sont ensuite donnés aux ateliers de reproduction, on peut dire qu'ils subissent, comme toute image, une interprétation. Autrement dit, les caricatures des œuvres sont à leur tour interprétées et deviennent des sortes de caricatures au carré. Le lecteur se trouve alors devant une version que l'on peut dire « plus royaliste que le roi », ce qui, après tout, n'est guère étonnant pour l'œuvre d'un bouffon.

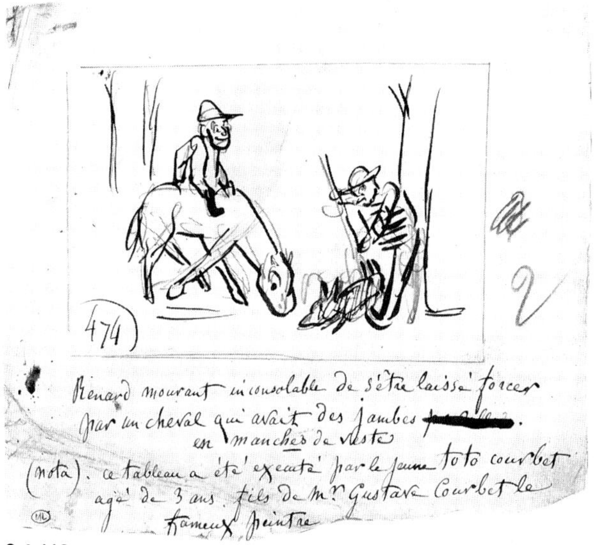

Cat 116

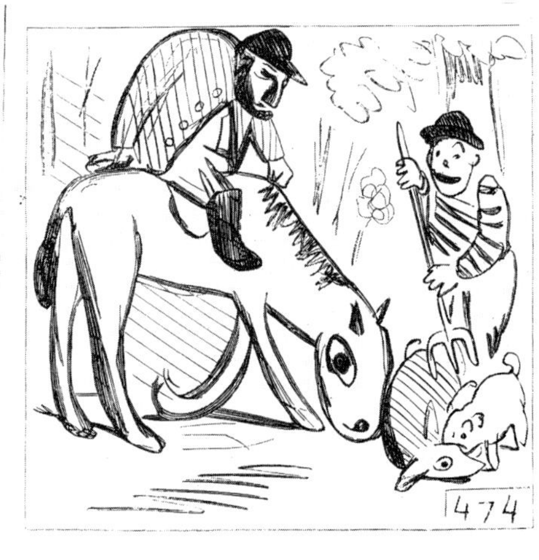

Renard mourant inconsolable de s'être laissé forcer par un cheval qui avait des jambes en manches de veste.
Nota. Ce tableau a été exécuté par le jeune Toto Courbet, âgé de trois ans, fils de M. Gustave Courbet, le fameux peintre.

Cat 45

Fig 9
André GILL
Le Salon pour Rire, Paris, G. Richard, 1864, couverture
Paris, Bibliothèque d'Art et d'Archéologie

Fig 10
HADOL
« Le Salon comique », *L'Éclipse,* n° 342, 17 mai 1875
Paris, collection Raymond Bachollet

Fig 11
CHAM
« Revue trimestrielle », *L'Illustration,* 18 juillet 1863, p. 60

Cat 116
CHAM, 1818-1879
Album factice de dessins d'illustration : *Chasse au renard* de Courbet

Fig 12
CHAM
« Exposition des Beaux-Arts appliqués à l'industrie », *L'Illustration,* 21 novembre 1863, p. 348

Cat 45
CHAM, 1818-1879
Cham au Salon de 1863
Chasse au renard de Courbet

Le « Caricaturable »

Les tableaux de Goya achetés par le baron Taylor pour Louis-Philippe et exposés au « Musée espagnol » furent qualifiés par la presse de « caricatures » et cet épithète s'appliquait vraisemblablement aux formes comme aux sujets[29]. Mais le mot, différemment, peut s'appliquer aussi sans doute au sujet plutôt qu'à sa traduction comme le rappelle à peu près à la même époque l'auteur du troisième article du *Charivari* du 29 mars 1833 consacré au « meilleur tableau du Salon », l'*Intérieur d'atelier* de Decamps.

« Je sais parfaitement tout ce que l'on peut dire de ce jugement : "Le tableau de M. Decamps n'est qu'une caricature, sans conséquence"[30]... »

On voit ainsi quel type de relativité s'instaure dans la désignation du caricatural avant la naissance des premiers Salons caricaturaux.

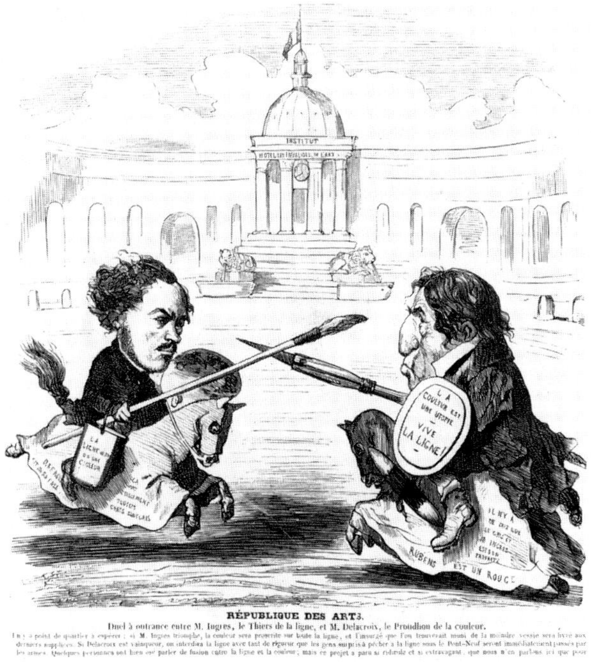

Cat 27

L'exemple suivant (*Le Charivari,* 17 avril 1846) suffira pour comprendre ce qu'il en est du caricaturable : « Du reste, si le style et le dessin d'Eugène Delacroix prêtent admirablement à la caricature, c'est que *du sublime au ridicule* (c'est moi qui souligne) il n'est qu'un pas, et notre métier de critique pour rire est de rapprocher encore la distance. » Sans doute tient-on là un ressort essentiel de l'interprétation caricaturale des œuvres d'art : il consiste à faire franchir le pas **(Cat 27)**.

L'auteur tempère ses propos et livre une clef supplémentaire pour saisir l'essence du caricaturable : « mais il ne faut pas pour cela nous regarder comme ennemis du chef de l'école romantique. Diable ! Le Romantisme a des partisans qui ne badinent pas, et les duels sont à un prix fou.

Ary Scheffer que l'école de David regardait comme un audacieux novateur, un franc révolutionnaire, n'est plus, auprès de Delacroix, qu'un classique renforcé, un *blairotteur,* un académicien. — Fi !

A son tour, Delacroix sera dépassé quelque matin, et nous entendrons dire : "Dieu ! que c'est pâle, que c'est froid et que c'est raide !... Ce gaillard-là n'a pas le moindre sentiment de la couleur, il dessine assez bien, mais c'est tout." Ainsi va le monde, chacun son tour. — Autres temps, autres peintres ! le bourgeois seul reste toujours le même. »

Comprendre ce lien entre le caricatural et le caricaturable, c'est aussi remonter à l'un des statuts originels de la caricature. Depuis Hogarth[31], la caricature est plus ou moins

Cat 27
BERTALL, 1820-1882
« Revue comique. Salon de peinture, de sculpture, d'architecture, etc. »
Le Journal pour Rire, 28 juillet 1849, p. 3

Fig 13
RANDON
« L'Exposition d'Édouard Manet », *Le Journal Amusant,* n° 600, 29 juin 1867
Paris, Bibliothèque nationale, Estampes

reconnue comme équivalente à un mauvais dessin, fascinant par son simplisme formel et détenteur d'un très riche pouvoir expressif. Le processus caricatural use de traits abréviatifs qui naissent du double « travail » de la régression graphique et du savoir-faire acquis par l'apprentissage. Une caricature est donc peut-être avant tout une caricature de/du dessin, du bon dessin s'entend.

Très grossièrement, on peut admettre que ce qui sera reconnu comme caricatural dans les œuvres deviendra caricaturable, objet de prédilection des caricaturistes. On comprend dès lors que les critères de désignation du « bon » et du « mauvais » sont relatifs à un état des arts à tel moment de l'histoire et qu'ils évolueront dans le temps.

Il est clair en effet que la notion de bon ou de mauvais dessin entendu au sens large est relative, qu'elle dépend des enjeux idéologiques, politiques et esthétiques entre les différents acteurs de la scène artistique : académiciens, professeurs, critiques, artistes... Le « Combat des Écoles » comme se plaît à l'appeler Daumier n'est que la face la plus visible des luttes qui durent tout le long du siècle et qui se cristallisent autour de la question du jury, de sa composition comme de sa nécessité.

Si la relativité du fait de décider ce qui est « bon » ou « mauvais » en matière de dessin, de sa correction dans tous les sens du mot, si cela occupe ou échauffe les esprits des différents praticiens, il va de soi que le jugement du public est plus immédiatement censeur et expéditif. Dès lors que les modes d'expression novateurs sont exposés aux yeux de tous, les passions se déchaînent et le plaisir de se voir confirmer dans ses préjugés, dans la presse ou ailleurs, ne fait qu'amplifier le rire et augmenter la sûreté de soi.

La variabilité historique prend la forme d'une surenchère dans l'opinion d'un certain nombre de témoins de la vie artistique. En effet, aux « excès » des Romantiques ou des coloristes et de Delacroix en particulier, succèdent les « outrances » des réalistes qui, à peine digérées voient leur succéder celles de Manet et de quelques-uns de ses amis. La manière de certains devient un style au vu des violations académiques des autres (Fig 13).

Deux saynètes dont Courbet est l'acteur principal sont à ce titre très révélatrices. Au moment de la parution de *Salammbô*, Courbet s'adresse à son auteur dans un dessin de Stop du *Journal Amusant :* « — Moi, Courbet, j'ai peint ma *Baigneuse* et pas mal d'autres choses peu ragoûtantes ; mais, ma foi, monsieur Flaubert, je ne me chargerais pas d'illustrer votre dernier ouvrage ! »

Trois ans plus tard, dans *Le Charivari* du 25 juin 1865, Cham instaure le dialogue suivant entre le Maître d'Ornans et le peintre des Batignolles :

« — Mon cher Courbet !

— Mon cher Manet.

— Voici l'exposition finie. Nous sommes-nous assez moqués de ce crétin de public !

— Ah ! mon ami, il nous l'a bien rendu ! »

Ainsi, tout au long du siècle, on assiste à une sorte de succession de luttes dialectiques dans la réception et l'appréciation des œuvres d'art, le public se sentant, face aux plus innovatrices d'entre elles, de plus en plus exclu car incapable d'exercer un jugement reposant sur des critères reconnus ou convenus.

On nomme souvent « caricature » ce que l'on ne comprend pas et le rire souligne ce malaise. Les auteurs de Salons comiques prennent alors un malin plaisir à jouer de tous les degrés du caricatural. Ils tendent à transformer les innovations formelles en les faisant prendre comme

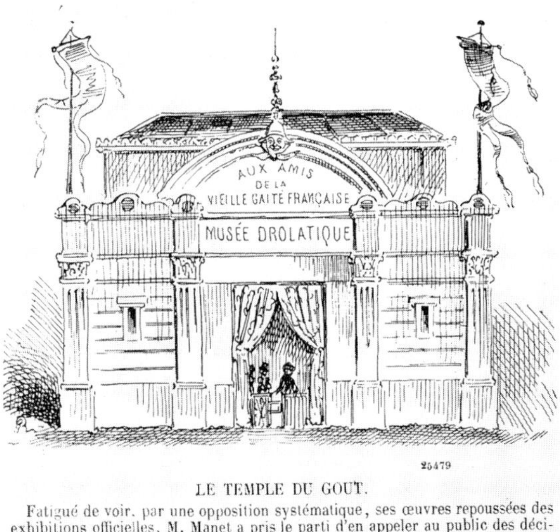

25479

LE TEMPLE DU GOUT.

Fatigué de voir, par une opposition systématique, ses œuvres repoussées des exhibitions officielles, M. Manet a pris le parti d'en appeler au public des décisions du jury; quels qu'ils soient, il veut des juges, il en trouvera. — Prix d'entrée : 1 franc par personne.

Fig 13

produits naturels du caricatural contenu dans l'œuvre. Deux exemples de cette naturalisation sont encore offerts par l'œuvre de Courbet. Tout d'abord, cet ajout à la légende de la caricature de Bertall publiée dans le *Journal pour rire* du 7 mars 1851 et consacrée au *Départ des pompiers courant à un incendie :* « *Nota.* — On nous apprend que le Président a fait de nombreuses commandes à M. Courbet. Nous comprenons à merveille cette tactique. Un homme comme M. Courbet s'il se lançait dans la caricature politique, serait évidemment des plus redoutables. »

Le quatrain de la « Fantaisie » de Pierre Véron écrite au sujet du *Proudhon en famille* est lui aussi très éloquent :

« La caricature est jalouse
De ce portrait prosaïsé,
c'est Proudhon qui porte la blouse
mais c'est Courbet qui s'est blousé. »

Ces émois diversifiés dureront longtemps et durent peut-être encore. On les entendra, encore au début de notre siècle, provoqués par Picasso ou Braque[32], mais encore par Matisse[33], quand la mesure est à son comble.

Étant donnée la propension de la caricature à souligner le moindre travers, on peut comprendre que tous les artistes aient subi les assauts des humoristes. De manière fondamentale, toute différence est susceptible d'être saisie. Ainsi l'histoire des Salons caricaturaux est-elle ponctuée des apparitions scandaleuses et successives de Delacroix, Courbet et Manet[34] mais accompagnées d'un grand nombre de références à toutes les tendances esthétiques. Les œuvres phares des Salons comiques sont celles qui firent parler, de l'académisme à l'avant-garde, celle-ci jouant sans nul doute le rôle de révélateur des contradictions de l'époque.

Nadar a peut-être produit la vignette la plus étonnante de l'ensemble du corpus ; on ne s'en étonnera pas et l'on ne sera pas surpris de le retrouver pour conclure ce chapitre.

Dans la « Revue du deuxième trimestre de 1851 » du *Charivari* du 25 juillet de cette année, il glisse parmi ses 34 vignettes un trait d'esprit interrogatif : le personnage d'un tableau s'adresse à sa caricature épinglée à côté de lui et s'exclame : « Vos injures n'atteindront jamais au niveau de mon dédain. » En réalité, la remarque est à double détente car le personnage est un homme (politique ?) à une tribune qui, dans la caricature, s'adresse à une foule moqueuse. Représenté, représentation et double caricaturé semblent ainsi se tenir dans un splendide isolement, désignant tout regard comme approche caricaturale. Jamais, sans doute, la caricature des œuvres n'aura conçu une image si éminemment réflexive sur la question du caricaturable (Fig 14).

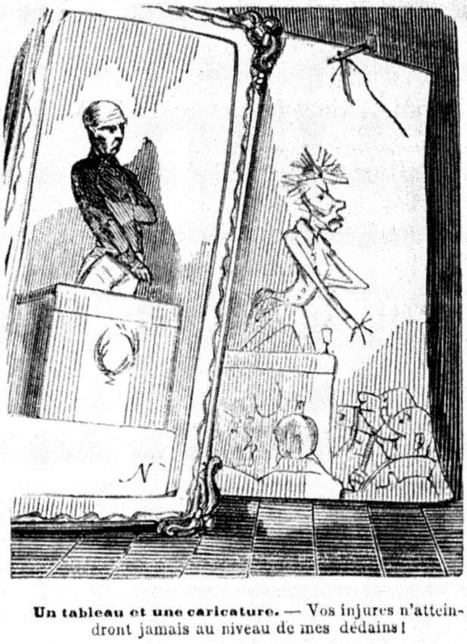

Un tableau et une caricature. — Vos injures n'atteindront jamais au niveau de mes dédains !

Fig 14

Un exemple : le Salon de 1868

Le Salon de 1868[35] est situé entre deux dates symboliques de l'histoire de l'art du XIXe siècle : 1863, le Salon des Refusés et 1874, la première manifestation publique des Impressionnistes. Ces deux événements, bien connus et si souvent évoqués expliquent par contraste, le choix de ce Salon moins souvent étudié. L'autre argument en sa faveur est la profusion des titres et des images auxquels il a donné lieu[36].

Quelques chiffres[37]. Le Salon de cette année compte 4 213 numéros dont 2 587 peintures, 801 dessins et 496 sculptures. Les journaux ou albums à avoir publié des caricatures sont au nombre de 18 en comptant celui qui n'en a publié qu'une : *Le Monde illustré* (Courbet). Pour les 17 autres, leur production est très variable, le record étant détenu par le *Tintamarre-Salon* **(Cat 164)** et ses 131 charges.

285 œuvres (239 peintures, 42 sculptures et 4 dessins) ont les honneurs des caricaturistes qui publient un total de 540 dessins, certains d'entre eux, pouvant l'être plusieurs fois, comme ceux de Cham qui, outre son album consacré uniquement au Salon, sont accueillis par *Le Charivari* (35) **(Cat 169)**, *Le Musée des Familles* (10) **(Cat 173)** et *L'Univers illustré* (9).

Sur 167 « tableaux commandés ou acquis par le service des Beaux-Arts », 32 ont retenu l'attention des dessinateurs.

Il est aisé d'établir un palmarès de la notoriété à partir de ces données chiffrées. Si la plupart des œuvres ne sont chargées qu'une fois et que 47 le sont deux ou trois fois, d'autres, en revanche, constituent l'ensemble des « vedettes ».

A tout seigneur tout honneur. Les héros incontestés sont situés aux extrêmes de l'échelle esthétique ou des engagements de leurs auteurs. Il s'agit de *L'Aumône d'un mendiant* de Courbet (15 caricatures publiées) et du dyptique *Pénélope* et *Phryné* de Charles Marchal (13 caricatures publiées) œuvres auxquelles sera consacré un chapitre particulier.

Fig 14
NADAR
« Revue du deuxième trimestre de 1851 »
Le Charivari, 25 juillet 1851
Paris, bibliothèque Forney

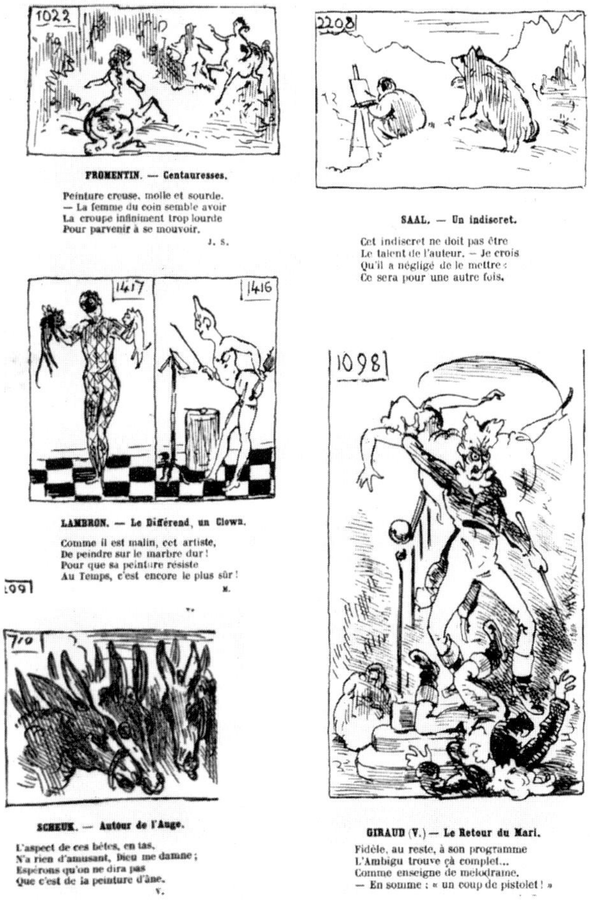

Cat 164

Cat 164
MAXIME, J. STICK, VABONTRAIN et CHASSAGNOL NEVEU
Le Tintamarre, 21 juin 1868, p. 4 et 5, *Centaures* de Fromentin, *Le Différend* et *Un clown* de Lambron, *Autour de l'auge* de Schenck, *Un indiscret* de Saal, *Le Retour du mari* de Giraud

Les autres tableaux dont on parle sont : *Le Néophyte,* de Doré (10) **(Cat 151)** ; *7 décembre 1815 ; neuf heures du matin,* de Gérôme (10) ; *Le Retour du mari* (**Cat 172 et 179** et Fig 16) de Giraud (10) : *Femme couchée,* de Lefebvre (9) (Fig 15) ; *Les Sapeurs ; tête de colonne du 2e cuirassier de la garde,* de Régamey (8) ; *Naissance d'Eve,* de Bin (7) ; *Centaures,* de Fromentin (7) **(Cat 152)** ; *Autour de l'auge,* de Schenck (7) : *La Sieste,* de Alma-Tadema (6) : *Lever de lune,* de Daubigny (5) ; *Les Femmes du jour ; panneau décoratif,* de La Foulhouze (5) ; *Le Clown* et *Le Différend,* de Lambron (5) ; *Couronnement de S.M. le roi Guillaume Ier à Konigsberg, le 18 octobre 1861,* de Menzel (5) ; *La prière du soir à bord ; souvenir du Solferino,* de Protais (5) ; *Un indiscret,* de Sall (5), *Le Jeu* de Puvis de Chavannes **(Cat 155).**

Parmi les autres noms, on peut citer quelques abonnés à la caricature de leurs œuvres : Carolus-Duran, Firmin-Girard, Mazerolle, Schutzenberger et Vielcazal.

Le sculpteur qui arrive nettement en tête est Frémiet avec sa *Métamorphose de Neptune en cheval* ; à lui seul il fait naître cinq caricatures différentes. La description serait incomplète sans les trois artistes dont les noms allaient devenir célèbres : le jeune Renoir et sa *Lise* est visé trois fois tandis que *le Portrait de Mlle E. F...* de Degas passe presque inaperçu avec une seule charge dans *Le Journal amusant.* Pissarro, tant admiré par Zola n'est pas caricaturé et très rarement cité[38].

PROPOS DE SALON

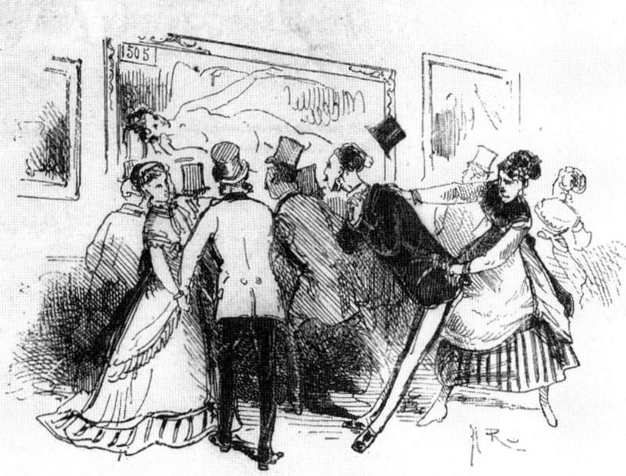

M. LEFEBVRE. — *Femme couchée.*

Que serait-ce, bon Dieu, si elle était vivante!

Fig 15

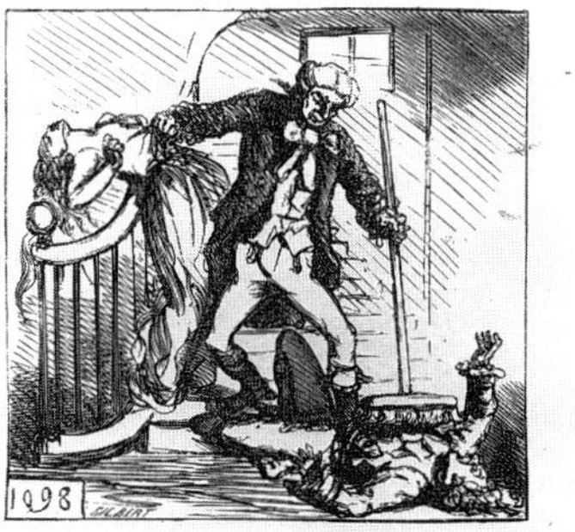

1098. — VICTOR GIRAUD.

Nouvelle recette pour cirer les escaliers. Plus de brosses, ni de cire! les deux premières personnes venues qui vous tombent sous la main.

Cat 172

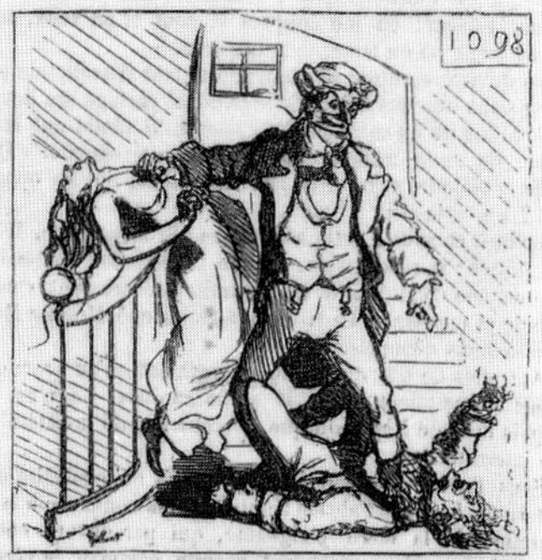

M. VICTOR GIRAUD. 1098.

Un mari engage sa femme à tenir la rampe, les escaliers lui paraissant glissants.

Fig 16

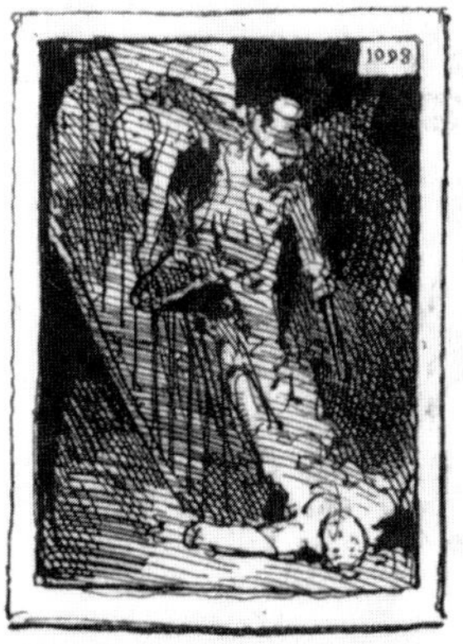

2647 4

M. LECOQ. Drame d'entrepont,

M. LECOQ. par M. GIRAUD,

M. LECOQ. 5e acte,

grand succès.

Cat 179

Des sujets

Les vedettes pour les caricaturistes sont celles que les salonniers commentent le plus, celles dont « on parle », celles qui font l'événement. Autrement dit, dès l'ouverture du Salon et parfois avant, grâce aux « indiscrétions », certains noms sont sur toutes les lèvres et ont vite fait de se retrouver au bout de toutes les plumes et de tous les crayons.

Par ailleurs, tous les genres exposés sont susceptibles de moquerie et s'ils le sont, c'est peut-être avant tout parce que chacun d'entre eux est représenté par une myriade d'exemples.

Du début à la fin du siècle, le même reproche est formulé : le nombre nuit à la qualité, les suiveurs abondent. Les caricaturistes soulignent donc les répétitions d'un Salon à un autre, de même que les reprises « à la manière de », c'est-à-dire, si l'on veut, les plagiats produits par les phénomènes d'école.

La peinture d'histoire ou la peinture mythologique qui émane plus directement de l'enseignement académique et paraît anachronique est souvent pointée comme grandiloquente et ridicule. Par ailleurs, la plupart des peintres offrent des images infiniment trop distanciées des préoccupations contemporaines ou de l'« expérience ordinaire »[39].

Les Vénus, sujet emblématique des ambitions de certains peintres, font s'exclamer les bourgeoises de Daumier : « — Cette année encore des Vénus... toujours des Vénus !... comme s'il y avait des femmes faites comme ça !... » **(Cat 46)** ou les paysans de Baric : « — C'est le portrait de la nommée Vénus, une reine ancienne. — J'vous crés ! Une reine çà ? Nue comme un ver ! All'aurait toujou'bin d'quoi se nipper mieux qu'çà ? C'est une affrontée ! — Mais, ma bonne femme, puisqu'on s'habillait comme çà, dans c'temps là ! » **(Cat 47)**.

Quant au portrait, leur abondance comme l'orgueil de leurs modèles sont très régulièrement ridiculisés. En effet, *Quant a son portrait au Salon,* on est ravi d'y trouver sa « ressemblance » comme sa légitimation sociale. La portraituromanie donne ainsi naissance à de très nombreuses blagues, la plus fréquente étant celle fondée sur le quiproquo. Dans *L'Illustration* du 18 juillet 1863, Cham dessine un homme regardant un tableau représentant un âne : « — Mais le livret s'est trompé : il a indiqué mon portrait sous le n° 3095 » **(Cat 55)**, ou Cham de nouveau, dans son *Salon de 1869 charivarisé* où une visiteuse est effarouchée devant l'image d'une femme nue allongée : « — Quelle horreur ! Le livret s'est trompé ; il a mis mon portrait sous le n° 4890. Que vont dire mes connaissances ? »

Les portraits sont aussi l'occasion de nombreuses variations sur la question du modèle et de la copie. La fonction d'intermédiaire imaginaire et symbolique de la représentation, de la représentation en général, est assez visible dans cet exemple particulier : « Tiens ! tiens ! une jolie dame qui contemple mon portrait. Elle paraît ravie. Si j'allais lui présenter l'original ! » (*L'Image,* n° 22, 31 mai 1868, p. 173).

Mais, comme le dit Willy à la fin du siècle : « Le portrait, mon Dieu, çà intéresse surtout le modèle, et la famille du dit... » (*Comic-Salon,* 1892, p. 15).

Si aucun genre n'échappe à la verve des dessinateurs : peinture d'histoire, mythologique ou religieuse, scène de genre, portrait ou paysage, il est évident que certaines œuvres, indépendamment du succès et de ses causes, sont davantage caricaturables que d'autres et cela pour des raisons simples. Le cas le plus probant est celui de Monet dont *Les navires sortant des jetées du Havre* **(Cat 179)** est souvent mal vu par la critique alors que les charges sont assez rares en raison du sujet car il est plus difficile de parodier une marine que des figures[40].

Fig 15
ROBIDA
« Propos de Salon », *Paris-Caprice,* n° 28, 20 juin 1868
Paris, B.H.V.P.

Variations sur *Le Retour du mari* de Giraud :

Cat 172
CHAM
Salon de 1868. Album de 60 caricatures

Fig 16
CHAM
« Revue comique du mois », *L'Univers illustré,* n° 699, 6 juin 1868, p. 357
Paris, B.H.V.P.

Cat 179
BERTALL
« Promenade au Salon (suite) », *Le Journal Amusant,* n° 649, 6 juin 1868, p. 2

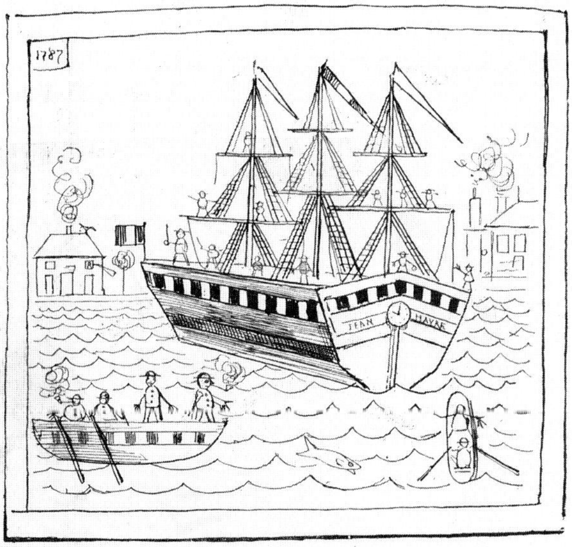

26475

1787. LE NAVIRE DE L'ESTAMINET HOLLANDAIS (PALAIS-ROYAL),
par M. MONET.

Voilà enfin de l'art véritablement naïf et sincère. M. Monet avait quatre ans et demi quand il a fait ce tableau. De tels débuts sont du meilleur augure. L'horloge marche à ravir le dimanche, dit-on, et les jours de fête. La mer qui est d'un si beau vert remue, et le bâtiment se balance sur les flots de parchemin.

Acheté par l'horloger du passage Vivienne.

Cat 179

Quand les caricaturistes s'en prennent aux paysages, ils s'éloignent quelque peu des critiques écrites et « montent en épingle » un détail, comme on le verra avec l'exemple fourni par Daubigny. Si Guillaumet **(Cat 153)** isole la carcasse d'animal au premier plan de son tableau, les dessinateurs accentuent l'opposition entre le plein et le vide et suppriment tous les effets de passage entre lointain et figure de l'avant-scène.

Lorsque les figures et les repères de la composition s'estompent, que le dessin cède à la couleur comme dans le cas de Monet en 1880 **(Cat 67)**, l'illustrateur désarmé retrouve finalement dans sa représentation réduite aux acquêts une certaine essence de l'œuvre[41].

De la clarté

En 1865, deux tableaux de Gustave Moreau, situés par Bertall de part et d'autre des œuvres de Courbet et Manet, sont appelés « rébus philosophique » (*L'Illustration,* 3 juin) et quatre ans plus tard, la *Divina Tragedia* de Chenavard, exposée aujourd'hui au Musée d'Orsay, est qualifiée de « rébus illustré » par *L'Esprit Follet* du 22 mai 1869 : « Pour plus de difficulté, l'artiste a fait entrer dans la composition de ce rébus plusieurs êtres antédiluviens. Entrée gratuite à qui devinera. N.-B. On peut s'aider du livret. »

Le public, à n'en pas douter, veut du simple, du « lisible » et, bien évidemment, du reconnaissable...[42]. Les tableaux à système ou les « hiéroglyphes » les rebutent. Alors, tout élément qui contredit à la logique de la représentation peut être épinglé, outré et devenir, par un procédé de type métonymique, l'abréviation de l'ensemble. Dans le continuum de la représentation, la démarche caricaturale prélève après sélection, elle est inobjective comme toute rhétorique de la mauvaise foi.

Comme dans les premiers Salons caricaturaux, on s'interroge beaucoup en 1868 sur la clarté des messages : « Aujourd'hui, ce qu'il faut à notre esprit pratique, c'est la vérité, la clarté, la simplicité.

« L'allégorie elle-même doit être compréhensible, et nous savons gré à M. Mazerolle de n'avoir pas essayé de condenser l'histoire universelle dans *La Naissance de Minerve.* » A ce satisfecit de B. de Renjarde s'opposent bien des remarques dubitatives au sujet des tableaux de Gérôme : *7 décembre 1815 ; neuf heures du matin* et *Jérusalem.* Pour W. Reymon, ce peintre de « charades » réalise une « énigme » avec son œuvre vedette et, pire encore, un « rébus » avec son autre toile, gratifiée de la même expression par « cousin Jacques » dans *L'Image* du 10 mai. En tout état de cause, les caricaturistes privilégient une attitude plus formaliste et prêtent moins d'attention au sujet. Bertall, Darjou et Hadol accentuent le premier plan avec le corps du maréchal Ney et surexposent le grand mur de manière à accentuer la « rhétorique théâtrale » comme l'appelle Ch. Wallut dans *Le*

Cat 179
BERTALL
Les Navires sortant des jetées du Havre

Cat 176
Carlo GRIPP
« Salon de 1868. Première série »
L'Image, n° 21, 24 mai 1868, p. 164

Musée des Familles. Ce qu'ils ne manquent pas de souligner, contrairement aux critiques d'art semble-t-il, c'est l'énormité du chapeau au premier plan. Bertall explicite ce choix de même qu'il fait comprendre, dans la vignette voisine, l'aspect « rébus » de *Jérusalem.*

Le Néophyte de Doré « peut-être l'œuvre la plus remarquable du Salon » pour *Dartagnan,* est simplement très « sobre comme conception » pour *Le Petit Journal,* pas très « compréhensible » pour le critique du *Courrier français* et ressemble à « une illustration de *Gargantua* ou des *Contes drolatiques* » pour Boissin, proche en cela de V. Vattier dans *Le Nain Jaune* qui conseille à l'artiste de « s'en tenir à sa réputation d'illustrateur à la mode... » Au niveau de la conception comme à celui de la réalisation, les critiques divergent donc. Les caricaturistes, plutôt que de s'interroger sur l'« illustrativité » de l'œuvre, reproche fréquent dans la critique d'art depuis les années 1830, soulignent les différences et, par exemple, accentuent la maigreur et la niaiserie du personnage.

De l'illusion

Située entre les procédés de la critique du sujet et ceux de la critique formelle, il semble bien que la méthode de la « résurrection » soit l'une des clefs pour comprendre le phénomène général de la caricature des œuvres d'art. Il faut entendre sous ce terme générique un ensemble de pratiques qui feignent de rendre vivant le représenté. Puisant à la fois aux mythes d'origine de la représentation (les raisins de Zeuxis ou le rideau de Parrhasios) comme aux traditions les plus communes de l'imaginaire populaire, le besoin se fait sans cesse sentir d'animer l'objet représenté. Les moyens pour y parvenir sont nombreux et divers ; certains parmi les plus simples sont les plus éloquents[43].

Carlo Gripp dans *L'Image* **(Cat 176)** du 24 mai fait sortir les moines de Doré de leur cadre et peint leur désappointement lorsqu'à leur retour ils constatent qu'un jeune homme entouré de jeunes femmes figure à leur place. Ce faisant, le dessinateur offre une nouvelle variété de « vulgarisation » du sujet en laissant émerger les sous-entendus du public portant sur le « destin du néophyte ». Dans *Le Hanneton* du 28 mai 1868, le dessin de Gédéon représente une femme en train de couper une grappe de raisin dans le tableau de Kreyder : « — Malheureuse ! Qu'allez-vous faire ? — Pardine, j'allais cueillir une grappe de raisin pour nous rafraîchir. » ; dans *Stock-Album* n° 4 (1870), au sujet de *La Vague* de Courbet devant laquelle une main

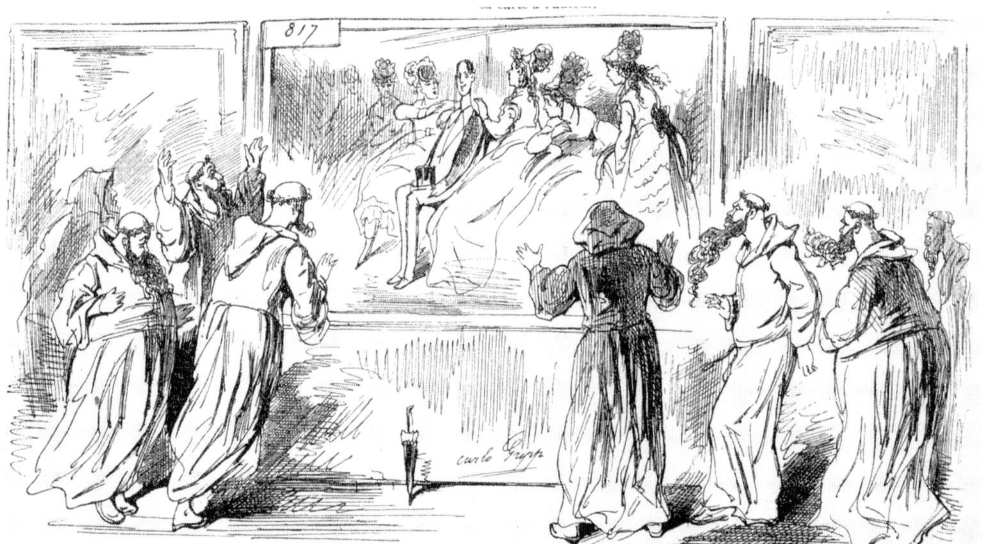

Le *Néophyte*, par Gustave Doré.
Les moines qui remplissaient cette belle toile étant descendus au jardin pour se dégourdir les jambes, sont bien surpris, à leur retour, de trouver la place prise par un nouveau *néophyte*.

Cat 176

tient un couteau : « Permettez-moi de vous offrir une tranche de cette peinture légère. » ; enfin, cet exemple très imagé paru dans *Le Journal amusant* du 4 juillet 1874 : « Le buste de M. Paul de Cassagnac s'étant évadé de son piédestal pendant la nuit, les gardiens effarés le retrouvent en admiration devant le portrait 1142. »

Ces exemples extrêmes indiquent le besoin fréquemment ressenti par le public d'« aller y voir de près ». Ce rapprochement visuel ou ce contact physique avec la chose peinte ou sculptée, l'envie de toucher ou de goûter, étant des moyens parmi d'autres de mesurer le pouvoir de l'illusion. De là à vérifier la capacité technique, à jauger la virtuosité pour mesurer le degré artistique de la chose, il n'y a qu'un pas que la caricature franchit souvent. L'illusionnisme des raisins de Kreyder ou la présence tactile de *la Vague* de Courbet provoqueraient ainsi des jeux d'esprit et de formes sinon similaires, du moins fort proches.

De l'implicite

Les Salons caricaturaux sont parsemés de références aux événements du monde extérieur dont le sens peut échapper à l'observateur contemporain. Les idées et les signes circulent dans les images et peuvent acquérir avec le recul du temps une opacité relative. Parmi les exemples de déplacements de signes et de références implicites, celui fournit par Daubigny est assez parlant.

Daubigny expose deux tableaux : *Le printemps* et *Lever de lune* (Fig 17), ce dernier excitant davantage la verve des caricaturistes. Reçu de manière assez tiède semble-t-il, le tableau est décrit par Pierre Colinot assez exactement comme un caricaturiste pourrait le dessiner : « Une lune d'or pâle commence à se hisser dans le ciel d'acier. Sur la cime de l'horizon, des buissons immobiles aussi sombres que des blocs de charbon, des arbres dont les branches tordues rappellent des télégraphes gesticulants » (*L'Art*, 15 mai). En réalité, les illustrateurs font fi de ces « appels du pied » et concentrent leur attention sur la lune qu'ils restituent sous la forme d'une horloge (Gill) **(Cat 167)**, d'une pièce de monnaie (Bertall) **(Cat 179)** ou d'un fromage (Cham).

Le Petit Journal donne une explication plausible à ces interprétations : « L'autre tableau de M. Daubigny *Le Lever de la lune*, est l'objet de critiques qui ne nous semblent pas méritées ; la lune est, dit-on plaquée au haut du tableau comme un pain à cacheter. Ce mot a été dit dès l'ouverture du Salon, et il a fait fortune ; vous l'entendrez répéter par la plupart des visiteurs. Il est injuste. » Ainsi, le bon mot aurait été lâché dès l'ouverture puis repris de manière détournée par les humoristes. Le public à vrai dire, innocemment ou volontairement, ne fait que reprendre une image déjà employée par les caricaturistes dans les années précédentes, par Nadar par exemple qui l'emploie dans son *Nadar Jury au Salon de 1857* au sujet d'un tableau de Borel. On se gausse en véhiculant des mots qui font fortune et les dessinateurs prennent au pied de la lettre ou adaptent ces exclamations à leur idiolecte.

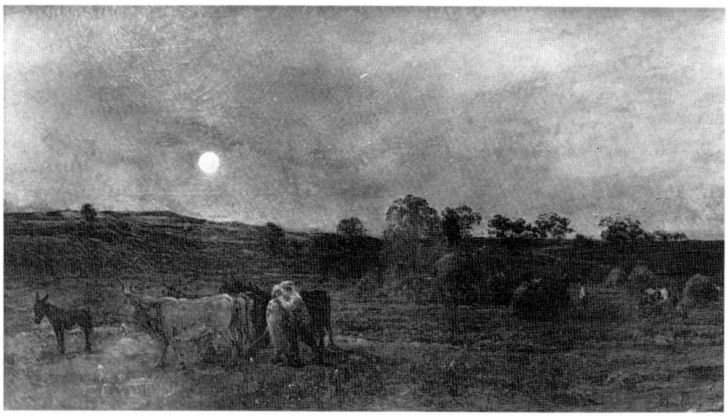

Fig 17

Fig 17
Charles-François DAUBIGNY
Lever de lune, daté 1873, huile sur toile, 172 × 305 cm, Budapest, Szepmüveszti Muzeum

Cat 168
CHAM
« 653. M. Daubigny » et « 654. Daubigny »
Deux dessins d'illustration parus dans *Le Charivari* du 31 mai 1868 : *Le Printemps* et *Lever de lune* de Daubigny

Cat 169
CHAM
« Salon de 1868 », *Le Charivari*, 31 mai 1868, p. 3 : *Le Printemps* et *Lever de lune* de Daubigny

Cat 180
BERTALL
« Tout pour l'Alsace... »
L'Illustration, 20 juin 1868, p. 164 : *Lever de lune* de Daubigny

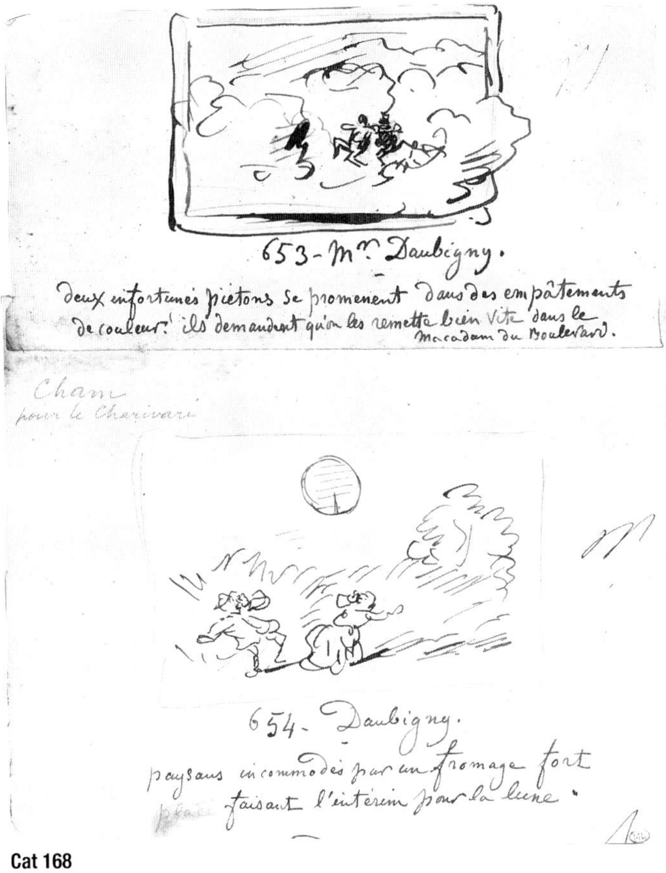

Cat 168

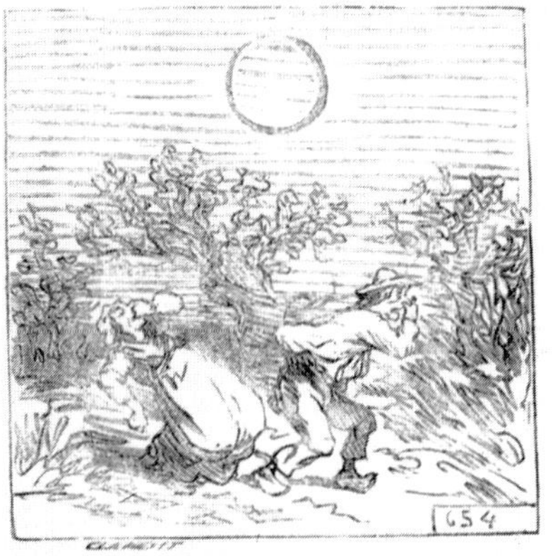

654. — DAUBIGNY.
Paysans incommodés par un fromage fort faisant l'intérim pour la lune.

Cat 169

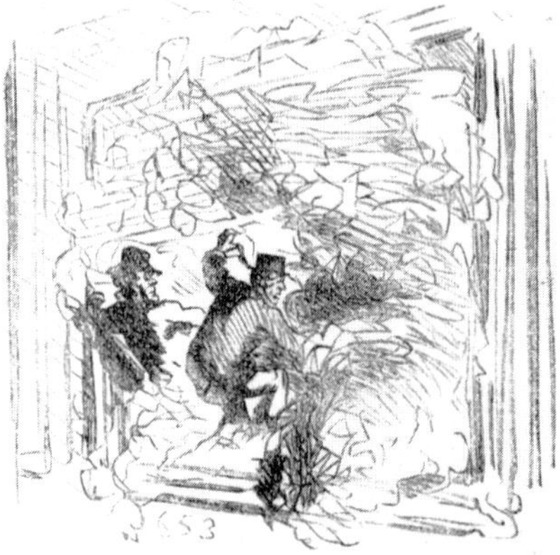

653. — M. DAUBIGNY.
Deux infortunés piétons se promènent dans des empâtemens de couleur; ils demandent qu'on les remette bien vite dans le macadam du boulevard.

Cat 169

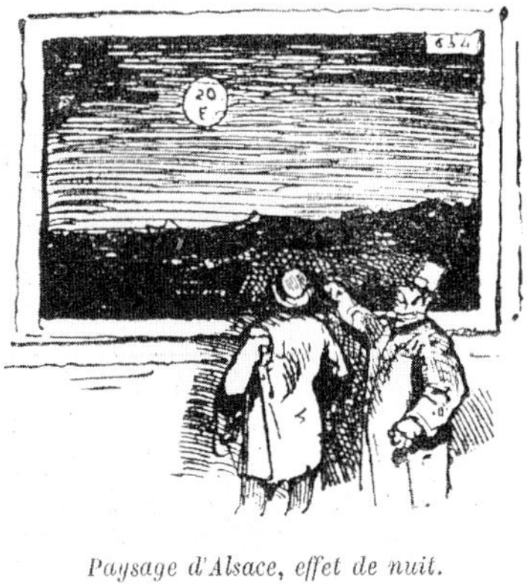

Paysage d'Alsace, effet de nuit.

Tableau de ce qui brille le plus en Alsace. Importante réserve métallique.

Cat 180

Le fromage de Cham est un objet qui lui tient à cœur et qui connaît une singulière aventure. Sa présence s'explique en amont par les croquis que le dessinateur consacre à l'exposition universelle de 1867 **(Cat 183)** et, plus précisément, par les nombreuses blagues auxquelles l'exposition de fromages donne lieu. Dans ce contexte, la lune devient fromage assez naturellement **(Cat 168, 169 et 170)**. Cette présence incongrue s'explique aussi en aval, sur une page de « croquis » du *Charivari* en date du 28 juin, où le dessin est accompagné de la légende suivante : « Restituant à sa fruitière le fromage qu'elle lui avait prêté pour faire la lune dans son tableau de l'exposition. » Ainsi, cette blague se réfère implicitement à l'œuvre de Daubigny sans qu'il soit besoin de la nommer. Un an plus tard, la même vignette est située à l'avant-dernière page du *Salon de 1869 charivarisé* **(Cat 171)**. Elle garde son effet comique tout en s'éloignant, deux fois si l'on peut dire, du prétexte qui l'a fait naître. Que les éditeurs du *Charivari*, comme cela est souvent le cas, aient rempli ou complété une feuille en réemployant des bois, cela est quasi certain mais ne change rien à cette curieuse circulation et dénaturation des signes qui les fait passer de l'explicite à l'implicite avant de les laisser à leur vacuité.

De l'enfantin

Le caricaturiste interprète le sentiment du philistin et, en particulier, le propos qui mesure l'appréciation des œuvres à l'aune du travail qui y est investi. En effet, s'il est un discours critique qui s'exacerbe avec les audaces de la modernité, c'est celui ayant trait au travail visible dans l'œuvre. Pour dire l'absence ou l'incorrection du dessin on évoque l'enfantillage des démarches, on souligne le caractère enfantin des produits[44].

L'expression « le non-dessin (poussé) jusqu'à l'absence de forme » employée par Nadar au sujet de Hamon en 1857 **(Cat 32)** nous fait sans doute sourire aujourd'hui, elle reste dans le cadre d'une critique traditionnelle, mais si « un enfant peut en faire autant », alors je ne peux apprécier le résultat comme produit d'un savoir et d'un apprentissage.

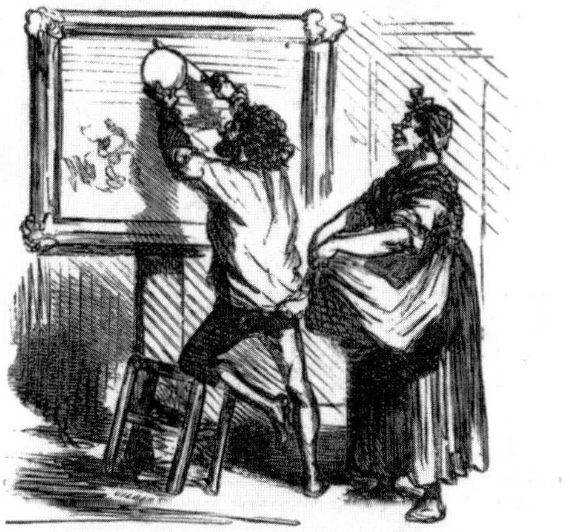

Restituant à sa fruitière le fromage qu'elle lui avait prêté pour faire la lune dans son tableau de l'exposition.

Cat 171

Les principaux reproches adressés à l'ensemble des peintres que l'histoire retiendra, de Delacroix à Ingres et de Courbet à Manet ou Puvis de Chavannes, sont bien entendu une part de ce que revendiquera la modernité des années 1880-1914. A savoir, un art simple et

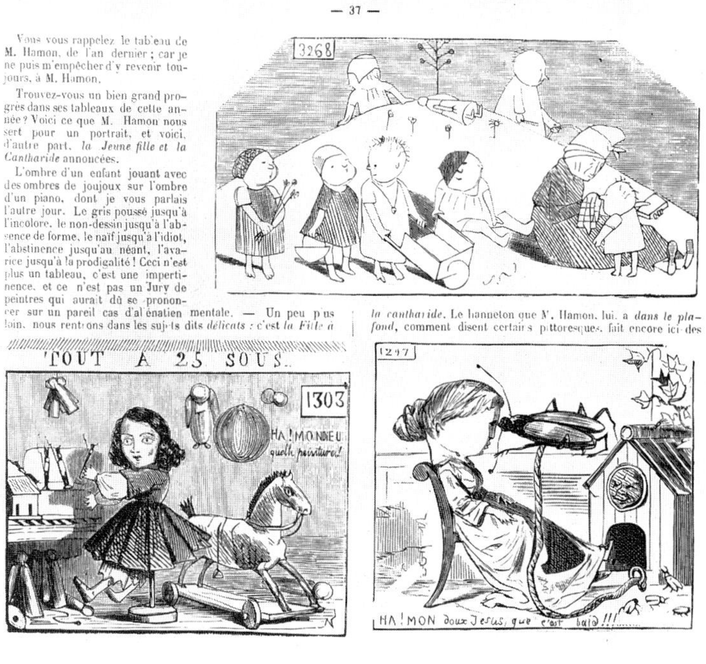

— 37 —

Vous vous rappelez le tableau de M. Hamon, de l'an dernier ; car je ne puis m'empêcher d'y revenir toujours, à M. Hamon.

Trouvez-vous un bien grand progrès dans ses tableaux de cette année ? Voici ce que M. Hamon nous sert pour un portrait, et voici, d'autre part, *la Jeune fille et la Cantharide* annoncées.

L'ombre d'un enfant jouant avec des ombres de joujoux sur l'ombre d'un piano, dont je vous parlais l'autre jour. Le gris poussé jusqu'à l'incolore, le non-dessin jusqu'à l'absence de forme, le naïf jusqu'à l'idiot, l'abstinence jusqu'au néant, l'avarice jusqu'à la prodigalité ! Ceci n'est plus un tableau, c'est une impertinence, et ce n'est pas un Jury de peintres qui aurait dû se prononcer sur un pareil cas d'aliénation mentale. — Un peu plus loin, nous rentrons dans les sujets dits *délicats* : c'est *la Fille à la cantharide*. Le hanneton que M. Hamon, lui, a *dans le plafond*, comment disent certains pittoresques, fait encore ici des

Cat 32

accessible se référant, pour simplifier, à la triade du primitif, du populaire et de l'enfantin.

« L'art de M. Courbet appliqué à l'industrie des chevaux de bois » ou ses figures de la foire aux pains d'épice[45], les joujoux de Manet ou les pâtés de sable de Puvis, sont des évocations du monde enfantin désigné comme a-culturel et non-artistique ne pouvant être pris comme objet d'une délectation sérieuse. Quand la trivialité des sujets s'allie à l'absence de dessin et de dessein, ce que l'on dit de la plupart des œuvres de Courbet, le philistin ne reconnaît plus rien ; au sens strict, cela ne lui « dit rien ». La mission du caricaturiste est alors celle d'un porte-voix qui traduit aussi bien les clameurs que les non-dits, l'impulsion que le travail du refoulement.

En 1868, le jeu s'est un peu calmé mais pour B. de Renjarde le *Zola* de Manet **(Cat 154 et 162)** vaut moins que les travaux des enlumineurs d'Épinal, reproche valable pour Émile Cardon qui adresse le sien à Monet !

De la mise en page

Les mises en page renvoient souvent au découpage des Salons en genres et créent ainsi de surprenants rapprochements. C'est le cas, par exemple, dans *Le Hanneton* du 21 mai où, sous le titre « Ces dames au Salon », Gédéon réunit outre Pénélope et Phryné, Viger, La Foulhouze, Alma-Tadema, Ranvier, Toulmouche et Gaume. La cohabitation est encore plus frappante dans *Le Tintamarre* du 7 juin car aux mêmes vedettes (Marchal, La Foulhouze et Gaume) s'ajoutent Durier, Dejonghe et Ottin, *Une jeune femme* de Manet et *Lise* de Renoir. Sur la même page, « Moines et soudards » rassemblent sept tableaux autour du *Néophyte*.

Cat 171
CHAM
Salon de 1869 charivarisé. Album de 60 caricatures

Cat 32
NADAR
Nadar jury au Salon de 1857
p. 37, œuvres de Hamon

Cat 162
J. FLEURY
« La Foire aux peintures. Deuxième série », *La Vie parisienne*, 30 mai 1868 p. (387) : *Émile Zola* de Manet

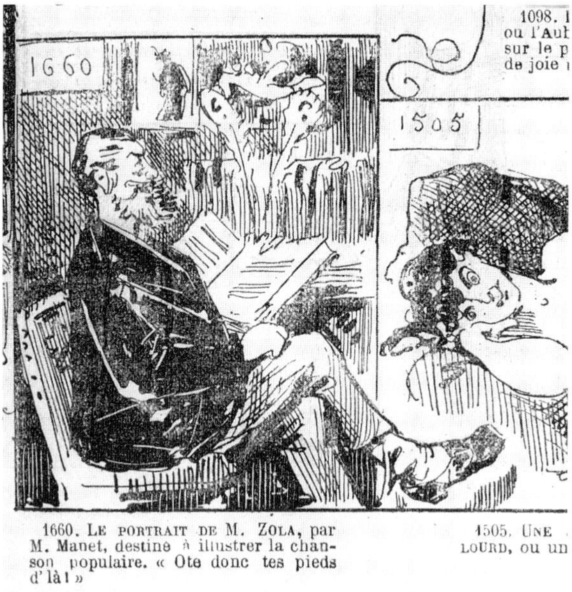

Cat 162

Les dessinateurs peuvent donc opérer leur propre sélection en respectant comme la plupart des critiques la division en genres ou, au contraire, en établissant des rapprochements incongrus.

Les palmes de la mise en page reviennent sans conteste au *Bouffon* et au *Paris-Caprice*.

Dans le premier de ces journaux **(Cat 156)**, Edw. Ancourt conçoit une très originale page dépliable et dispose les tableaux comme des cartes étalées. Il ne fait pas de doute que les images du centre, coloriées de surcroît, sont celles que le dessinateur privilégie. Autour de *Autour de l'auge* de Schenck, sont rassemblés les principales vedettes. Dans *Paris-Caprice* **(Cat 166)**, Robida tout juste âgé de 20 ans crée une nouvelle vision du Salon. Sa composition est globale, intitulée « In-extremis », elle paraît le 27 juin et décrit les affres du déménagement. Chaque détail est un trait d'esprit. Courbet, pipe au bec, emmène son *Mendiant* sur un char à bras tandis que la carriole du « réalisme » est chargée à la pelle et qu'un manutentionnaire attend assis sur la civière des « classiques ». La *Métamorphose* de Frémiet est poussée à l'aide de roulettes, tout comme les plantes qui viennent du Salon de l'horticulture, cette coïncidence des dates de fermeture ayant donné lieu par ailleurs à de nombreuses plaisanteries.

L'EXPOSITION IN EXTREMIS

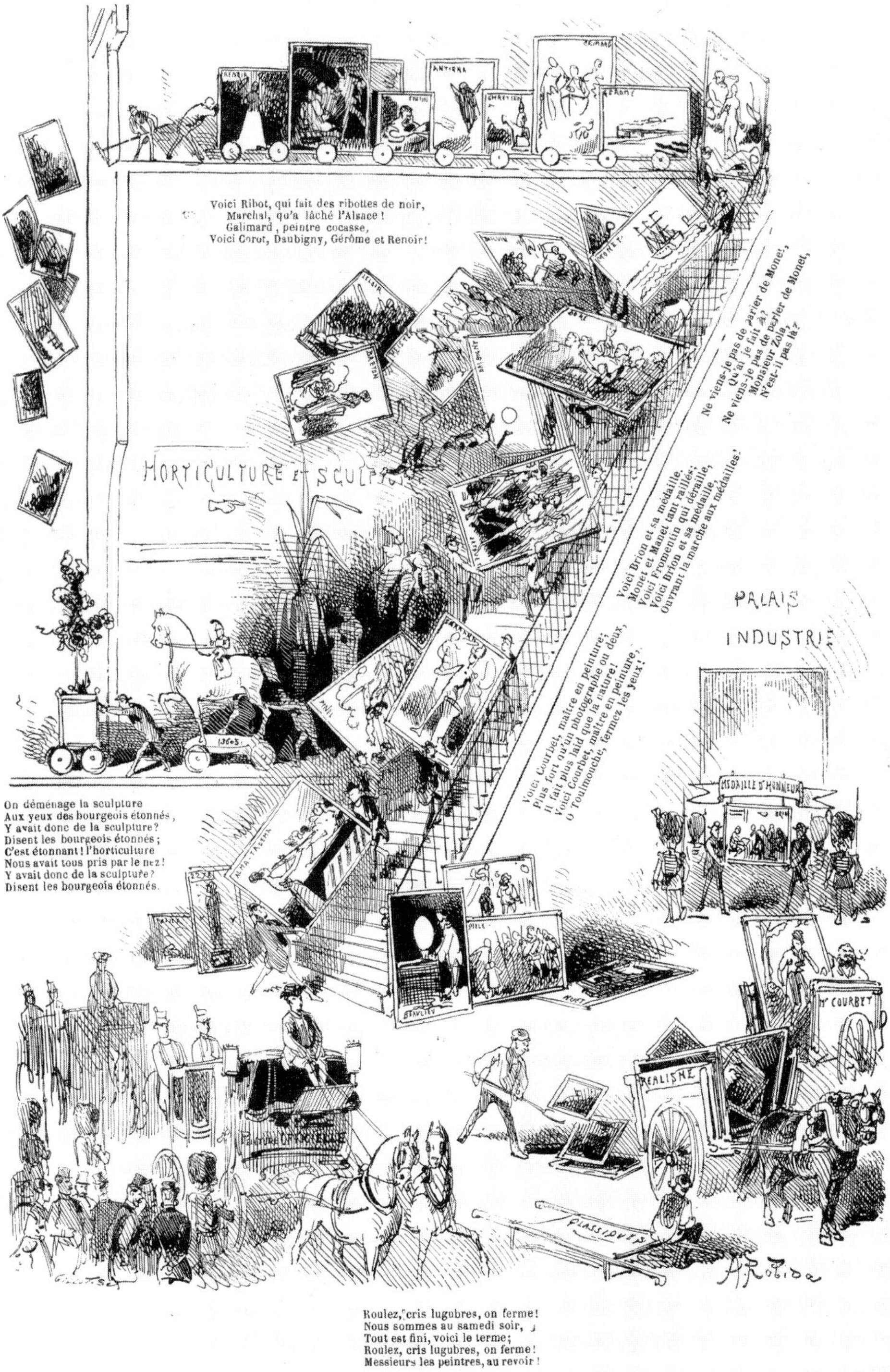

Roulez, cris lugubres, on ferme !
Nous sommes au samedi soir,
Tout est fini, voici le terme ;
Roulez, cris lugubres, on ferme !
Messieurs les peintres, au revoir !

Cat 166

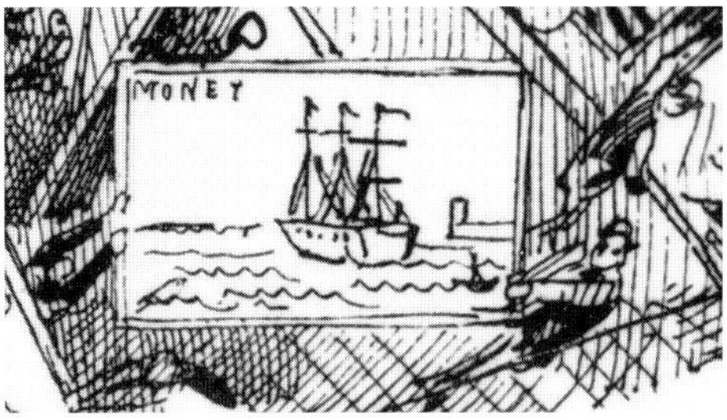

Cat 166, détail

Enfin, installées sur des wagonnets ou dévalant l'escalier, une ribambelle d'œuvres prend le chemin de la sortie. On distingue clairement la marine de Monet mais on peut regretter que *Pénélope* et *Phryné* n'y figurent pas !

Les cas Courbet et Marchal

Ces deux artistes ne connaîtront certes pas la même fortune critique ; ils fournissent pourtant cette année-là deux occasions de faire couler beaucoup d'encre.

Courbet tout d'abord. Son cas est assez simple : il a dépassé les limites. De ses éternels détracteurs à ceux qui le soutiennent, en passant par ceux prêts à l'admettre, tout le monde ou presque est unanime pour trouver que *Le Mendiant* (n° 608) est une forme hideuse du réalisme[46]. La critique ressort d'autant plus que l'autre toile exposée par Courbet, *Le Chevreuil chassé aux écoutes ; printemps* (n° 609), conservée au musée d'Orsay, est souvent admise comme un bon tableau. Les sanctions tombent encore plus durement car le peintre d'Ornans fait école et entraîne d'autres peintres sur les chemins de l'erreur. Si Courbet outrepasse les limites, c'est aussi qu'il « parodie » son talent : « Étrange artiste que M. Courbet ! Il se complaît sept fois sur dix à parodier son talent... » (Charles Diguet, *Dartagnan*, 11 juin). Quant à H. Escoffier, il estime dans le *Journal illustré* du 31 mai, que le *Mendiant* est une « repoussante caricature » ; il est assez proche de William Reymon qui, dans *Le Courrier Français* parle d'une « grande carriture *(sic)* épileptique » indigne du maître, de même d'ailleurs que les *Chevreuils,* paysage « nul et non avenu ». Courbet gâche son talent et les *Chevreuils* peuvent alors, contrairement à l'exemple précédent, en devenir la preuve, pour B. de Renjarde par exemple : « M. Courbet est un paysagiste hors ligne ; *Le Chevreuil chassé aux écoutes,* de cette année, est très fin, empreint de poésie printanière. Pourquoi veut-il forcer la nature de son talent, et se faire le chef de l'école du laid ? »

Chef d'école et meneur, le reproche n'est pas nouveau, il poursuivra l'artiste jusqu'à la fin de sa vie. Dans *Le Nain jaune,* V. Vattier se lamente : « Serait-il possible d'énumérer tout le mal que fait à l'art la prétendue école réaliste ! Pour s'en rendre compte que l'on aille voir le fameux *Mendiant,* de M. Courbet. »

La confrontation avec d'autres « réalistes » fait ressortir encore ce travers ; dans *Le Monde illustré,* Amédée Cantaloube ose des rapprochements fracassants mais n'est pas le seul : « M. Manet, sorte de coloriste chinois exposant parfois des personnages en baudruche ou affectés d'une maladie de peau, a aussi son prophète mystificateur. Quant à M. Monet, c'est un reflet du précédent, avec des tableaux plus creux et plus vides. Sa famosité dans les arts date de l'invention d'une robe rayée tout comme le couturier Worth. Il a trouvé une harmonie ce jeune homme, disait M. Courbet !... On le sait, M. Courbet est le seul des trois qui ait fait des efforts sérieux pour être un grand peintre », quelques lignes plus bas, l'auteur tempère son jugement et se souvient d'œuvres plus anciennes, acceptables à ses yeux.

Ces quelques citations consacrées à « l'école

Cat 166
Albert ROBIDA, 1848-1926
« L'Exposition in extremis », *Paris-Caprice,* n° 29, 27 juin 1868, p. 37

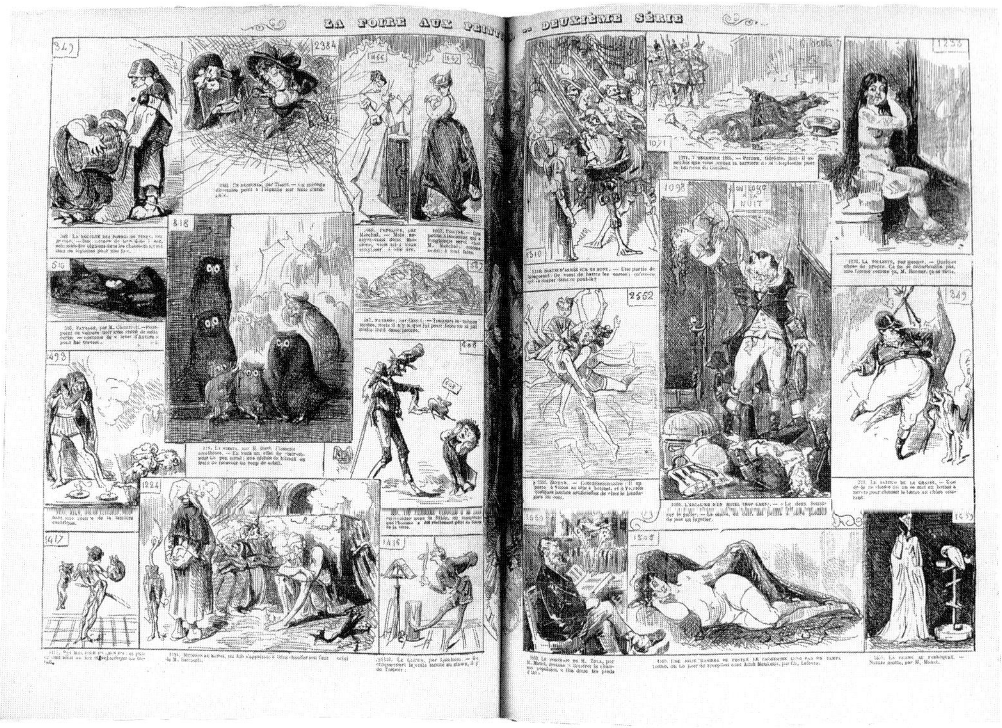

Cat 162

du laid » suffisent à montrer que le *Mendiant*, par sa nature extrême, ramène à lui tous les reproches, rassemble toutes les rancœurs. Parmi les critiques positives, quelques-unes sont originales et étonnantes. Celle de William Reymon qui rapproche Courbet et Toulmouche, affirmant qu'il apprécie les deux, même s'il estime, comme on l'a vu, que le *Mendiant* est indigne du talent de son auteur ; ou celle, très politique, de Pierre Colinot[47]. En regard de ces textes, quels sont les caractères soulignés par les images ? La métaphore de l'« épouvantail » employée par Boissin dans son *Salon de 1868. Études artistiques* (p. 54), condense nombre d'interprétations. Darjou, dans *L'Éclipse* **(Cat 165)**, l'utilise au pied de la lettre avec la légende suivante : « Naïveté d'un petit mendiant s'adressant à un mannequin afin de faire peur aux oiseaux. » Bertall, dans *Le Journal amusant* et *Le Petit Figaro,* charge l'aspect misérabiliste du mendiant et de l'enfant **(Cat 163)** et reprend l'invention graphique qu'il avait utilisé au sujet du *Portrait de Proudhon* dans *L'Illustration* du 3 juin 1865 (« Le jour du blanchisseur ») en faisant émerger la vieille femme d'un sac de linge. La légende est peu aimable : « Ce vieux mendiant privé de tout, même du plus nécessaire dessin, offrant son obole à l'enfant qui se plonge résolument le doigt dans le nez, sans souci de l'avenir, nous attendrit profondément. Le ton merveilleusement approprié se compose de boues d'Ornans combinées savamment avec les balayures Mouffetard, le tout relevé par un petit glacis de macadam. Un trait de génie ! la femme dans un paquet de linge sale est un chef-d'œuvre. »

Si la version gravée du dessin de Cham dans son *Salon de 1868* est la même dans *Le Chari-*

Cat 162
J. FLEURY
« La Foire aux peintures. Deuxième série », *La Vie parisienne,* 30 mai 1868, p. (386)

Variations sur *L'aumône d'un mendiant* de Courbet :

Cat 162
J. FLEURY

Cat 163
BERTALL

Cat 172
CHAM

vari du 10 mai avec cette légende : « L'aumône ! Il n'est cependant pas bien charitable de faire voir des toiles pareilles au pauvre monde », la version gravée parue dans *L'Univers illustré* est d'un dessin différent de même que sa légende : « Soyons charitables aussi. Ne parlons pas du tableau. »

Ainsi, deux nuances d'un même discours, économe sinon lapidaire, peuvent-elles se développer sur des supports différents. Il est clair ici que Cham privilégie son rôle de dessinateur alors que Bertall tient à faire passer ses ambitions de critique d'art.

Paris-Caprice, dans son numéro 25 du 30 mai, au milieu d'une trentaine de vignettes rassemblées sous le titre « Gazette de Hono-Lulu », consacre cinq images au Salon et en particulier à l'un de ses visiteurs devant le *Mendiant :* « Aujourd'hui — Demain — Après-Demain. Des personnes dignes de foi nous affirment que, jeudi dernier, un monsieur a été surpris en train d'admirer le mendiant de M. Courbet. Nous attendons un communiqué à ce sujet ! » Cette autre forme d'élipse en dit long, si l'on peut dire, et rend évidente l'immédiateté de la charge graphique, son côté expéditif. Un autre exemple de la liberté avec laquelle les dessinateurs jouent des éléments iconiques est donné par *La Vie Parisienne* du 30 mai où un mendiant en loques offre un chevreuil au gamin effarouché : « 608. Ou Courbet cherche à se raccommoder avec la Bible, en montrant que l'homme a été réellement pétri du limon de la terre **(Cat 162)**. » Gill, auteur et dessinateur du *Gill-Revue,* réunit dans une célèbre composition coloriée le peintre et ses deux tableaux, assez « sobrement » parodiés, l'ensemble accompagné de cette légende : « Dans cette fourmilière de tartines banales ou prétentieuses qui encombrent le Salon, le peintre d'Ornans donne son coup de trique, et l'on respire devant ces deux toiles : un petit *Paysage* qui est le dernier mot de la lumière. Continuez ainsi chaque année, bon maître, et que ceux qui sont nés peintres vous suivent, car vous êtes bien loin devant tous, vous qui voyez juste et qui peignez sincèrement ! » Il n'est pas exagéré de dire que ce commentaire, parfois omis lorsque le dessin est reproduit, est l'une des critiques les plus favorables de cette année.

Au scandale Courbet, somme toute compréhensible, s'oppose donc l'autre événement du Salon : la présentation par Charles Marchal (1825-1877) de ses deux héroïnes, *Pénélope* et *Phryné* (Fig 18).

L'énorme tohu-bohu qu'elles provoquent peut nous paraître exagéré. En effet, parfaitement oubliées aujourd'hui, ces deux jeunes

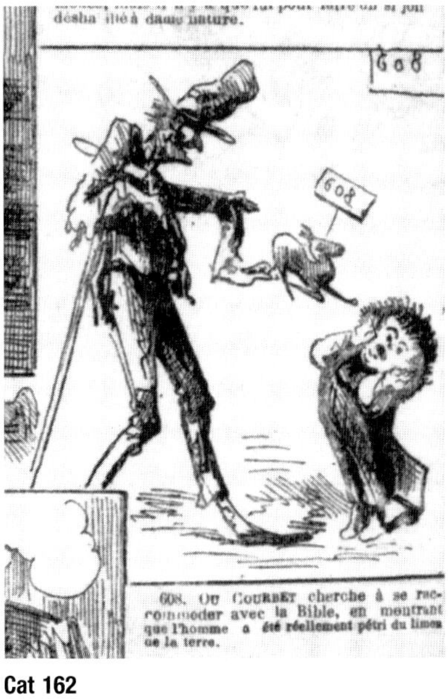

Cat 162

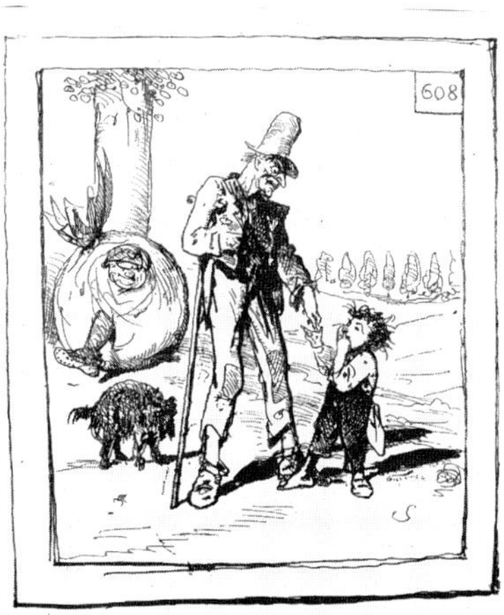

26413

608 A MENDIANT MENDIANT ET DEMI, par Courbet.

M. Courbet a voulu prouver ici qu'un grand artiste peut facilement se passer de forme, de couleur et de style quand il est soutenu par une grande et généreuse pensée. Ce vieux mendiant privé de tout, même du plus nécessaire dessin, offrant son obole à l'enfant qui se plonge résolûment le doigt dans le nez, sans souci de l'avenir, nous attendrit profondément. Le ton merveilleusement approprié se compose des boues d'Ornans combinées savamment avec les balayures Mouffetard, le tout relevé par un petit glacis de macadam. Un trait de génie ! La femme dans un paquet de linge sale est un chef-d'œuvre.

Cat 163

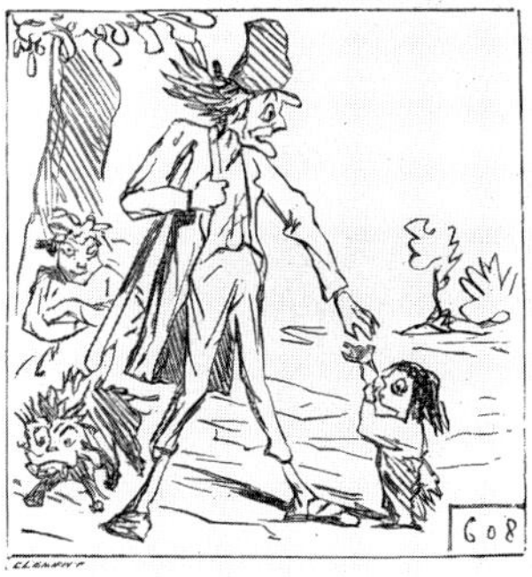

·608. — Gustave Courbet.

L'aumône ! Il n'est cependant pas bien charitable de faire voir des toiles pareilles au pauvre monde.

Cat 172

femmes ne semblent guère posséder le caractère des œuvres qui subjuguent. A l'époque pourtant, pour les louer ou les blâmer, personne ne les ignore. Ce qui plaît au public, et à l'acheteur qui les acquiert dès le premier jour, c'est sans nul doute la parfaite évidence du sujet, la facture soignée et l'aspect décoratif renforcé par la présentation en dyptique. Le sujet est parlant et même éloquent, il pousse au discours et à l'animation ; la technique est sûre d'elle, parfaitement anodine sans doute ; enfin, l'aspect peu dérangeant de l'ensemble est apte à transformer ses éléments en « tableaux meublants ».

Ce qui déplaît ou, en tout cas, fait sourire, c'est la futilité du sujet, l'inconsistance de la facture et, surtout, l'étrange effet d'anachronisme. Ces bourgeoises à la mode de 1868 tentent de renvoyer à une histoire et à une pensée qui dépassent le peintre, spécialiste des scènes de genre alsacien. Ainsi, sans aucun éclat ni scandale, ces deux toiles réussissent-elles à faire beaucoup parler d'elles, et à se vendre fort cher (30 000 francs).

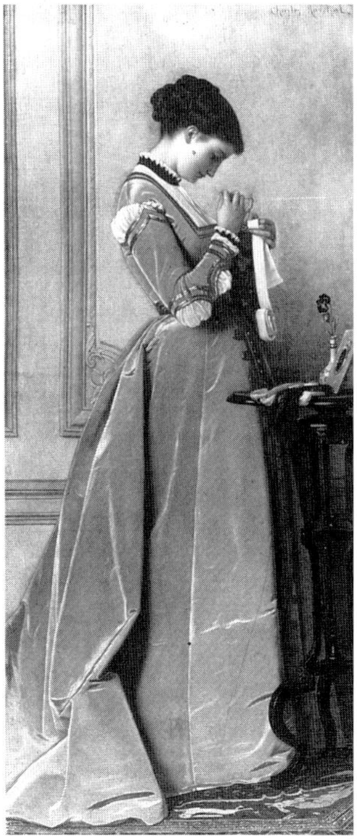

Fig 18

Leur immédiate notoriété, gonflée sans doute par ce qu'il faut bien appeler le « parisiannisme », entraîne chacun à prendre position.

Ch. Wallert, dans *Le Musée des Familles,* note la justesse de l'antithèse et conclut son éloge par cette phrase : « Sous l'agrément mondain qui séduit le public, se cache la science qui désarme la critique » ; dans *L'Artiste,* A. Houssaye est lui aussi fort satisfait : « M. Marchal a révélé deux œuvres d'une égale importance dans chacun de ces types sérieusement conçus et mûris, d'une exécution solide, où le style acquiert de la profondeur dans la sincérité d'expression » ; enfin, dernier exemple de satisfaction, celle, extrême, de H. Escoffier qui a retenu tous les riches sous-entendus du sujet, comme le public : « C'est pour cela qu'il s'est attaché à les proclamer des chefs-d'œuvre. Le mot a été dit, mais il nous paraît bien gros, et je suis sûr que M. Marchal le repousse. Ce sont deux œuvres remarquables, et c'est déjà bien assez. » Les critiques négatives revêtent deux aspects, parfois complémentaires : la petitesse de la pensée et le faire appliqué.

Dans *L'Indépendance parisienne,* Ben Aymed évoque « une pensée banale qui vous laisse froid et ne vous émeut nullement ; comme exécution, c'est très joli... » ; dans le numéro 5 de *L'Art,* Pierre Colinot : « Comme peinture, c'est ravissant, comme idée, c'est frêle et insuffisant. »

Au point de vue de la facture, la plupart s'accordent à trouver cela « propret », « bien fini et bien verni »[48] ou, comme le dit William Reymon dans *Le Courrier français,* « C'est gracieux, propre, élégant et très commode à suspendre dans un salon. » Pour conclure cette réunion de douceurs, on peut céder la plume à l'infatigable B. de Renjarde dans *Le Petit Journal :* « Nous voici enfin devant les deux tableaux de M. Charles Marchal, *Pénélope* et *Phryné,* la femme honnête et celle qui ne l'est pas, la femme comme il faut et la femme

Fig 18
Charles MARCHAL
Pénélope, 1868, huile sur toile
New York, The Metropolitan Museum of Art

Cat 176
Carlo GRIPP
« Salon de 1868 », L'Image, n° 21, 24 mai 1868 : *Pénélope* et *Phryné* de Marchal

VINGT CENTIMES LE NUMÉRO

ADMINISTRATION
10, rue du Faubourg-Poissonnière

ABONNEMENTS
PARIS
Six mois.................. 6 fr.
Un an..................... 10 fr.

Deuxième année. — N° 21.

L'IMAGE

Journal hebdomadaire illustré, dirigé par CARLO GRIPP

ADMINISTRATION
10, rue du Faubourg-Poissonnière

ABONNEMENTS
DÉPARTEMENTS
Six mois.................. 7 fr.
Un an..................... 12 fr.

Dimanche 24 Mai 1868.

Bureau central de Vente, chez CALVET, rue Notre-Dame-des-Victoires, 11. Paris

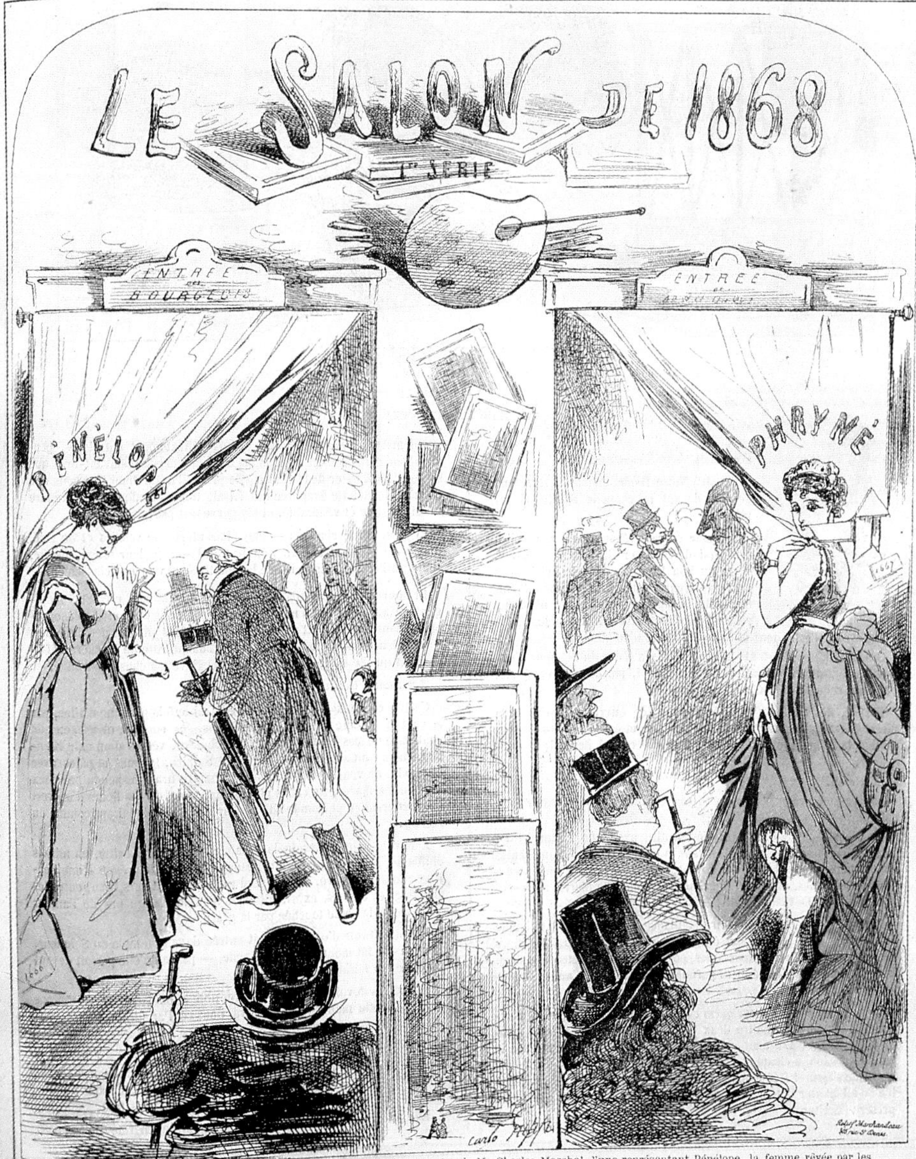

Pourquoi ne pas avoir placé à l'entrée du Salon les deux toiles charmantes de M. Charles Marchal, l'une représentant Pénélope, la femme rêvée par les passementiers de la rue Saint-Denis; l'autre représentant Phryné, l'illustre cocotte des temps antiques?

Cat 179

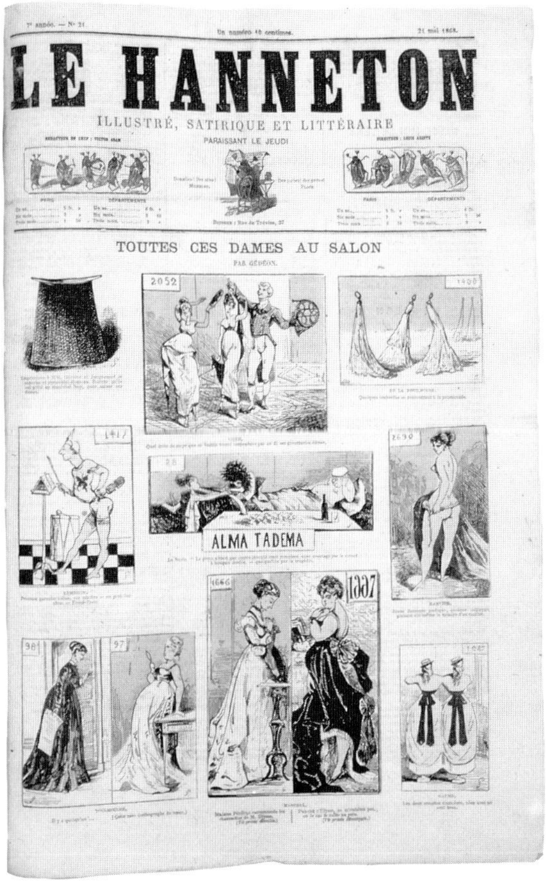
7e année. — N° 21 Un numéro 10 centimes. 21 mai 1868.

LE HANNETON

ILLUSTRÉ, SATIRIQUE ET LITTÉRAIRE

PARAISSANT LE JEUDI

TOUTES CES DAMES AU SALON

PAR GÉDÉON.

Cat 157

comme il en faut... pour faire mieux apprécier les autres. »

Finalement, ces deux œuvres, si proches de ce qu'un Zola éreinte, ont tout pour plaire à la frange la plus timide du public qui désire du sens clair, un soupçon de pensée derrière un voile de matière. Si le sérieux critique du *Monde illustré* trouve la figure de *Phryné* « bébête », il ne manque sûrement pas de perspicacité en écrivant cette phrase, pleine de sous-entendus qui ont fait, à n'en pas douter, le succès des œuvres : « Il eût mieux valu désigner ces œuvres au livret, sous ces titres : *Avant et Après.* »

L'ensemble des caricatures a souvent joué de l'antithèse des figures. Deux approches la signifient en soulignant le rapport des personnages au format des toiles. A la « une » de *L'Image* du 24 mai **(Cat 176)**, une grande composition coloriée du caricaturiste Carlo Gripp son directeur, représente les héroïnes de part et d'autre de l'entrée de l'exposition qu'empruntent des visiteurs masculins. Quelques symboles soulignent les appartenances de l'une et de l'autre : lunettes et chaussette tricotée pour *Pénélope ;* cocotte en papier pour *Phryné* ! Les images sont éloquentes, de même que la légende : « Pourquoi ne pas avoir placé à l'entrée du Salon les deux toiles charmantes de M. Marchal, l'une représentant Pénélope, la femme rêvée par les passementiers de la rue Saint-Denis ; l'autre représentant Phryné : l'illustre cocotte des temps antiques. »

A cette situation d'« ouvreuses », on peut opposer un cul-de-lampe d'un genre particulier, celui du *Paris-Caprice* qui rassemble les deux jeunes femmes dans un même cadre, comme dans une vitrine sous laquelle on peut lire : « Toilettes de M. Toulmouche. — Étoffes et confection de M. Stevens. — Rubans et passementeries de ***. — Jupons de Mme ***. — Corsets de Mme ***. »

Il semble bien qu'à travers ces deux exemples est rendue manifeste la propension décorative des deux tableaux pouvant parfaitement s'intégrer dans une mise en page comme dans un salon bourgeois.

Les procédés consistant à coller bord à bord les deux œuvres sont tout aussi parlants. Ils peuvent jouer sur la complémentarité implicite comme en première page du *Hanneton* le 21 mai **(Cat 157)**. Pénélope, plutôt maigre : « Mme Pénélope raccommode les chaussettes d'Ulysse » ; Phryné, plutôt grasse : « Ulysse, ne m'embête pas ou je vais te coller un procès (vie privée démasquée)[49]. » L'autre cas de juxtaposi-

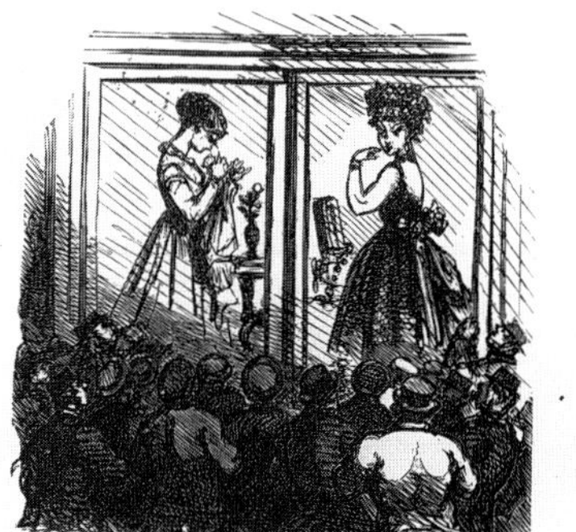

1667-1666. — CHARLES MARCHAL.
La femme honnête et la cocotte. — Honnête? Pas de trop, elle me fait l'effet d'avoir autant d'adorateurs que la cocotte.

Cat 172

tion est celui de Cham **(Cat 172)** qui explicite le contenu et, en attroupant une foule compacte, explique à sa manière le succès de la paire : « La femme honnête et la cocotte. – Honnête ? Pas de trop, elle me fait l'effet d'avoir autant d'adorateurs que la cocotte. »

Partisan de la séparation, Pitou, dans *La Marotte,* réduit les figures à leur plus simple expression et les rend peut-être à l'une de leurs vocations en présentant deux mannequins de bois sur lesquels sont présentés des vêtements, avec la légende : « Toilette d'hiver – Toilette d'été. » Dans *L'Éclipse,* Darjou remplit les vêtements mais laisse visible le pied des mannequins et intitule son dessin « Les Petites Poupées à la Maréchal ».

Enfin, pour clore ces différentes lectures des œuvres, deux interprétations que l'on peut qualifier de « morales » mais qui évoquent aussi, pour le moquer, le succès immérité. Dans *Le Tintamarre* du 7 juin, le dessin assez médiocre de Chassagnol neveu est agrémenté d'un quatrain tout aussi mauvais de Vabontrain qui a le mérite d'être clair : « L'une chaste et d'un rose tendre. / L'autre rousse, à l'œil noir ardent. / L'une en riant s'est laissé vendre. / Tandis que l'autre, elle, se vend ! » Quant à Gill, il leur offre une pleine page, les oppose comme « Le Vice » et « La Vertu » et se situe nettement en s'adressant ironiquement au peintre : « Nous jurons de tout notre cœur entre les mains de M. Marchal de ne jamais épouser. Que cette promesse solennelle soit la conséquence du peintre ingénieux dont la vertu maigre et le vice croustillant font la joie des marchands de cartonnage, et puisse-t-elle lui tenir lieu de la médaille que le jury, en un accès d'esprit, ne lui a pas décernée. »

Cat 157
GEDEON
« Toutes ces dames au Salon »
Le Hanneton, n° 21, 21 mai 1868

Cat 172
CHAM
Pénélope et *Phryné*

Cat 179
BERTALL
« Les Réalistes et les Fantaisistes, suspension d'armes », *Le Journal Amusant,* n° 649, 6 juin 1868, p. 3

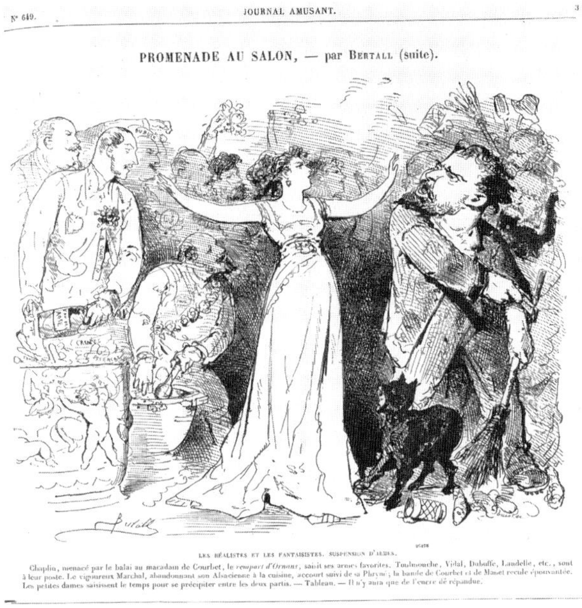

Cat 179

Dialogues

Deux procédés critiques, la mise en scène imagée et le dialogue feint, sont encore employés par les humoristes de la plume et du crayon. En toute « logique », ils réunissent Courbet et Marchal ou leurs « représentants » en situation d'opposants.

La médaille du crayon revient à Bertall qui use de l'animation dans trois compositions très subtiles.

La première paraît dans *Le Journal amusant* du 6 juin sous le titre générique de « Promenade au Salon » **(Cat 179)** ; elle s'intitule « Les réalistes et les fantaisistes, suspension d'armes » ; « Phryné » séparant les partis. La légende contient à elle seule plusieurs des jugements sur la situation des arts et résume bien des points déjà entendus : « Chaplin, menacé par le balai au macadam de Courbet, le *rempart d'Ornans,* saisit ses armes favorites. Toulmouche, Vidal, Dubufe, Landelle, etc., sont à leur poste. Le vigoureux Marchal, abandonnant son Alsacienne à la cuisine, accourt suivi de sa Phryné ; la bande de Courbet et de Manet recule épouvantée. Les petites dames saisissent le temps pour se précipiter entre les deux partis. – Tableau. – Il n'y aura que de l'encre

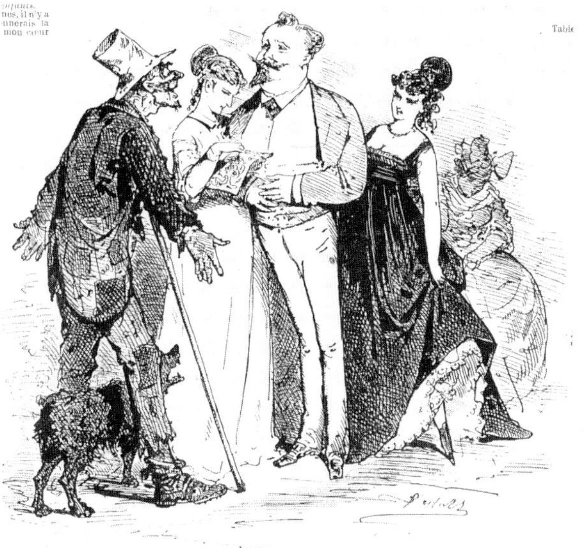

Cat 180

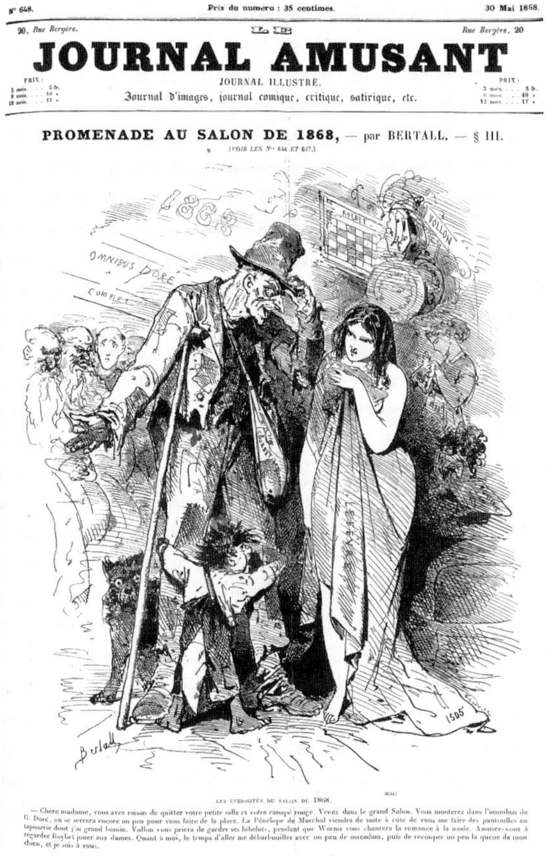
N° 648. Prix du numéro : 35 centimes. 30 Mai 1868.

20, *Rue Bergère*. LE *Rue Bergère*, 20

JOURNAL AMUSANT

JOURNAL ILLUSTRÉ.

Journal d'images, journal comique, critique, satirique, etc.

PRIX : 3 mois. . . . 5 fr. 6 mois. . . . 10 » 12 mois. . . . 17 »

PROMENADE AU SALON DE 1868, — par BERTALL. — § III.

(VOIR LES N°s 646 ET 647.)

LES CURIOSITÉS DU SALON DE 1868.

— Chère madame, vous avez raison de quitter votre petite salle et votre canapé rouge. Venez dans le grand Salon. Vous monterez dans l'omnibus de G. Doré, on se serrera encore un peu pour vous faire de la place. La Pénélope de Marchal viendra de suite à côté de vous me faire des pantoufles en tapisserie dont j'ai grand besoin. Vollon vous priera de garder ses bibelots, pendant que Worms vous chantera la romance à la mode. Amusez-vous à regarder Roybet jouer aux dames. Quant à moi, le temps d'aller me débarbouiller avec un peu de macadam, puis de recouper un peu la queue de mon chien, et je suis à vous.

Fig 19

répandue. » « Phryné » car à l'évidence il s'agit de Pénélope, d'ailleurs plus apte à tenir le rôle ! On la retrouve dans l'autre dessin paru dans *L'Illustration* du 20 juin **(Cat 180)** en compagnie de la vraie Phryné cette fois, plus coquine. La composition s'intitule « Tout pour l'Alsace » et renvoie au fait que la médaille d'honneur ait été donnée à Brion pour *La lecture de la Bible ; intérieur protestant en Alsace*, intitulé ici *L'intérieur du charbonnier alsacien ou le charbonnier maître chez lui*[50]. Les autres vignettes font toutes allusion à l'Alsace, indirectement ou directement, en évoquant quelques-uns de ses peintres (Frère, Jundt), et à Marchal qui n'a précisément pas exposé d'œuvres d'inspiration alsacienne. Le *Mendiant* s'adresse au peintre entouré de ses deux créatures : « — Voilà ce que ces messieurs disaient encore hier à M. Courbet, mon maître : Marchal n'aura pas de médaille cette année. Voilà ce que c'est que d'avoir du succès avec ses petites dames et d'avoir lâché ses *Alsaciennes*. — Pour la première fois qu'il les plante là, c'est pas avoir de la veine. » Si, dans l'illustration précédente, Manet est représenté par son image emblématique, le chat d'*Olympia* que l'on voit souvent se promener dans les journaux depuis le scandale du Salon de 1865[51], c'est ici Courbet que l'on fait parler par l'entremise du personnage vedette de cette année. Certaines figures du Salon sont si populaires qu'elles deviennent des personnages vivants dans des cadres où fiction et « réalité », caricatures et portraits peuvent se rencontrer.

L'exemple le plus frappant est celui qui se déroule dans l'« omnibus Doré » où le Mendiant déguenillé s'adresse à la « Femme couchée » (debout) de Lefebvre tandis que Pénélope tricote derrière eux (Fig 19).

L'autre procédé employé par les humoristes est celui du discours ou dialogue feint, espèce de vaudeville réunissant les acteurs dans les

Cat 180
BERTALL
« Tout pour l'Alsace... »
L'Illustration, 20 juin 1868, p. 397

Fig 19
BERTALL
« Promenade au Salon de 1868, III »,
Le Journal Amusant, n° 648, 30 mai 1868
Carteret, collection Nicolas Rémon

colonnes des journaux comiques. Le Salon de 1868 est l'occasion pour l'un d'entre eux de créer de ces rapprochements cocasses. Parallèlement aux « croquis » et aux « Salons » de Cham, *Le Charivari* publie douze comptes rendus de L. Leroy qui, sous forme de dialogues, passe en revue les principales œuvres de l'exposition. Les dialogues se situent dans une salle d'audience où l'orateur ouvre la séance par un « Messieurs les députés » ; ils se poursuivent par l'audition de tous les témoins présents ; ce sont les protagonistes du Salon. Pour ne donner que le ton de l'ensemble, quelques passages suffisent. Le 9 mai, le *Jupiter* (de Mazerolle) propose de nommer un président : « *Le Mendiant d'Ornans*. – Je pose la candidature de M. Courbet. *Le Charivari*. – Posez si bon vous semble (...). *M. Zola* (de M. Manet). – Nous aurons au moins le droit de nommer les secrétaires ? *Le Charivari*. – Pas davantage. J'appelle au bureau la cocotte et la grue, de M. Marchal, connues au livret sous la dénomination de *Pénélope* et *Phryné* », bien entendu, les deux jeunes femmes seront bientôt contredites par la *Femme couchée* de Lefebvre... le 29 mai, M. Zola demande la parole...[52].

Sur ce ton moqueur et violemment critique, de très nombreuses remarques se succèdent qui, si elles gauchissent les propos des peintres ou de Zola par exemple, n'en constituent pas moins une lecture esthétique de l'art. En effet, pour parodier le discours d'un Zola, il est clair qu'il faut en avoir compris sinon l'essentiel, du moins quelques-unes des articulations. Donner la parole à Courbet pour outrer ses propos, c'est encore un mode d'attention particulière qui suppose une forme de reconnaissance. Que la caricature dessinée outre les caractéristiques les plus saillantes, c'est sa mission mais c'est aussi, finalement, faire franchir à l'œuvre un seuil, lui donner un écho dépassant les propos avoués ou les credo revendiqués. La provocation de Courbet, tant au niveau du sujet que de l'expression plastique ou la futilité de Marchal sont somme toute bien vues.

Fortune de Pénélope et de Phryné

Il est intéressant, à titre d'exemple, de suivre les pérégrinations de *Pénélope* et *Phryné*. Elles sont reproduites toutes deux en première page de *L'Illustration* et de *L'Univers illustré* mais aussi bien dans *L'Artiste* où chacune est accompagnée d'un poème quelque peu ironique.

De manière tout à fait symptomatique, les deux « sœurs » sont caricaturées en compagnie de Courbet, Gérôme, Arnaud et Chrétien dans *Le Petit Figaro* du 7 juin et *Phryné* seule est reproduite dans le numéro suivant avec trois autres reproductions et la caricature d'un tableau de Schmidt[53].

Ainsi, un journal peut parfaitement publier la version comique et la version sérieuse tout en laissant par ailleurs aux lecteurs comme à l'auteur des critiques leur « liberté » d'appréciation. La gloire et la diffusion des œuvres qui s'ensuit peut se poursuivre au-delà de la fermeture du Salon. Reproductions et caricatures accompagnent encore les créations de Marchal dans des lendemains éphémères.

En 1869, Arsène Houssaye publie, chez E. Dentu, *Les Parisiennes*, 4 volumes consacrés aux mœurs des femmes de la capitale ; le deuxième s'intitule *Phryné* et reproduit le célèbre tableau sur une double page. On peut supposer que cet ouvrage ait eu un certain succès puisqu'il est réédité en 1877 et encore en 1895, chez C. Lévy mais sans planche cette fois. Sans doute les lecteurs de la fin du siècle apprécient-ils encore la prose de l'auteur sans pour autant avoir même un soupçon de souvenir pour celle qui avait donné son nom à l'ouvrage.

L'utilisation de la caricature après l'événement du Salon est assez rare et le cas suivant très particulier. *Le Monde pour rire* dans son numéro 50 du 13 février 1869 consacre sa première page à une charge de Lemot sur un spectacle des *Variétés, Le Mot de la fin* (Fig 20). L'actrice principale, Mlle Silly, occupe la place d'honneur, entourée des différents acteurs du spectacle. *Pénélope* et *Phryné* figurent en bonne place sous leur forme caricaturale ou, plus précisément, sous la forme schématisée et très reconnaissable de la version de Gill. Le divertissement dû à Clairville, Coigniard et Siraudin, publié à la fin de l'année chez Michel Lévy, fait

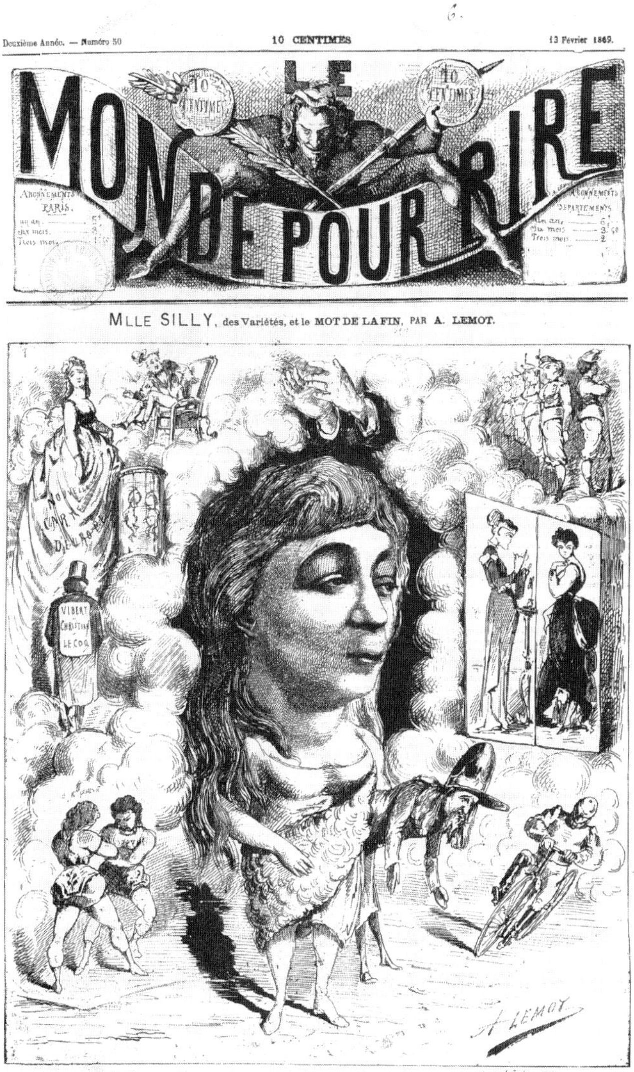

Fig 20

intervenir un présentateur qui, à la fin de la scène II, déclare : « Mais enfin passons au numéro 3. Ceci concerne les Beaux-Arts, c'est un souvenir de l'Exposition de 1868. Pénélope et Phryné, tableau de M. Marchal. — Attention ! messieurs les machinistes », suit une scène assez plate d'un dialogue très convenu entre deux archétypes ; elle se termine par une danse à laquelle se joint M. Pénélope[54].

Caricatures reproduites par un caricaturiste pour être intégrées dans l'une de ses compositions, les deux créatures de Marchal connaissent le sort enviable d'être de nouveau à l'affiche, peut-être à leur corps défendant ? Toujours est-il qu'il est piquant de surprendre ainsi un détournement de sujet qui recourt, pour être dans le ton des « Variétés », à la caricature et non aux « modèles » qui ne sont plus d'« actualité ».

Fig 20
LEMOT
« Mlle Silly, des Variétés et Le Mot de la fin », *Le Monde pour Rire,* nº 50, 13 février 1869
Paris, B.H.V.P.

Fig 21
RANDON
« L'Exposition d'Édouard Manet » *Le Journal Amusant,* nº 600, 29 juin 1867
Paris, Bibliothèque nationale, Estampes

Épilogue

Quelles conclusions tirer de ces exemples antinomiques sinon de nouvelles questions sur le statut et le sort du caricaturable ?

Si être caricaturé n'est pas une indignité, bien au contraire, et si la caricature est une réaction immédiate et relativement spontanée, on peut admettre que le caricaturable gît en toute forme comme en tout sujet. Que Courbet et Manet jouent le rôle de « faire-valoir » et de révélateurs pour d'autres œuvres, cela paraît contenu dans la logique énoncée avec perspicacité par l'article du *Charivari* de 1846 (Ary Scheffer... Delacroix...).

Si les dessinateurs, volontairement ou innocemment, exacerbent les propos plastiques les plus saillants, il est somme toute assez normal que *Le Mendiant* comme les jeunes femmes de Marchal soient les vedettes du crayon en même temps que de la plume.

Le Salon caricatural est une chambre d'écho qui enregistre les bruits ou les rumeurs ; les caricaturistes sont des échotiers et, à ce titre, n'ont pas à avoir de vision à long terme. La démarche caricaturale serait alors la suprême manifestation de l'ironie comme expression d'un retrait a-moral. Cette forme de journalisme et de critique d'art révélerait un état présent, un présent de la réception sans visée ni destinée, elle serait pour tout cela le versant opposé des propos des Baudelaire ou Zola. Faut-il alors réduire la contradiction entre le fait que, de toute évidence, la caricature comme sémiotique vise juste et que son verdict esthétique ne soit pas toujours celui que l'Histoire a retenu ? Il semble que non car tel est bien l'intérêt des Salons caricaturaux que d'enregistrer les émois contemporains de l'événement : ce que, précisément, l'Histoire gomme ou feint d'ignorer le plus souvent. Les Salons caricaturaux peuvent alors être envisagés comme les équivalents des livres d'or déposés à l'entrée des expositions. Ce sont des livrets imagés de l'éloge et de blâme, des porte-parole de la doxa, qui interrogent avec légèreté les assurances qu'Histoire et historiens prennent à l'égard des sottisiers.

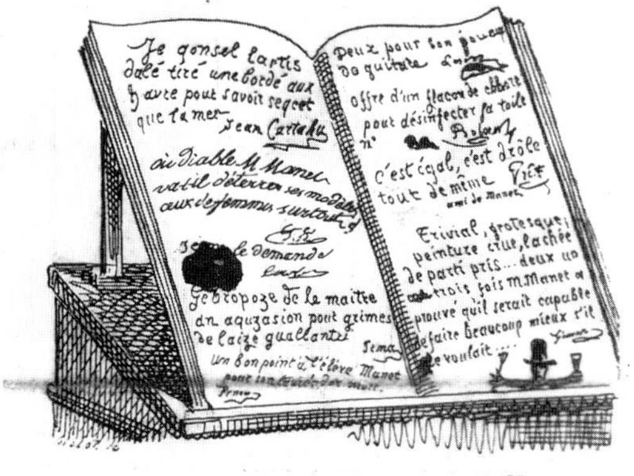

25497

LE RÉGISTRE DES OBSERVATIONS.

Fig 21

Notes

1. Les Salons caricaturaux sont une spécialité française et plus particulièrement parisienne. Les exemples du domaine étranger concernent les interprétations de l'art par la caricature en général ; ils ne sont pas évoqués dans l'exposition.

2. Sans doute est-il étrange qu'un phénomène aussi important que l'émergence des comptes rendus humoristiques des œuvres exposées au Salon n'ait retenu l'attention que de rares spécialistes. En effet, avant la parution des catalogues *Courbet* (1977) et *Manet* (1983), qui reproduisent de nombreuses caricatures à titre documentaire, ces images ne retiennent guère l'attention. L'historien de l'art disposait jusqu'à une date récente de deux travaux de référence : l'ouvrage de Charles Léger et l'article de M.-C. Chadefeaux (*cf.* bibl.). Les principaux auteurs de livres sur la caricature évoquent souvent la question de l'interprétation de l'art par les imagiers mais ne lui accordent pas une place de choix. Bien entendu, l'ouvrage de John Grand-Carteret publié en 1888 *Les Mœurs et la Caricature en France* et souvent fort utile et son ultime chapitre « Particularités intimes de l'art caricatural » ouvre d'intéressantes perspectives sur notre sujet. Enfin, on ne saurait omettre le petit ouvrage publié par la Tate Gallery *A child of six could dot it !* consacré aux lectures de l'art à la fin du XIXe siècle et au XXe siècle.

3. Michel Melot, ouvrage cité dans la bibliographie, p. 104

4. La Bibliothèque nationale, la Bibliothèque historique de la ville de Paris, la Bibliothèque d'art et d'archéologie parmi d'autres, possèdent de nombreux livrets comiques, publiés parallèlement aux livrets officiels. La plupart datent du dernier tiers du XVIIIe siècle.

5. Le plus bel exemple de quiproquo est donné par *Le Monde pour rire*, n° 112 du 23 avril 1870. Anatole Ficelé, vigneron, venant pour la première fois à Paris, envoie son Salon aux rédacteurs du journal. Il s'agit des principaux tableaux de l'école française du musée du Louvre. Moloch est l'auteur de cette excellente supercherie.

6. *Les Omnibus, pérégrinations burlesques à travers tous chemins,* satires de mœurs et parodies mêlées, éditées par J. Rousset en 1843 et toutes illustrées par Bertall (7 livraisons).

7. De nombreux éditeurs publient des albums de reproductions d'œuvres exposées au Salon. Certains peuvent être très luxueux. Ils complètent aussi les reproductions éditées dans quelques journaux comme *L'Artiste.*

8. Cette « vue » en deux vignettes est agrandie sur les murs de l'exposition. On y trouve bien des thèmes récurrents comme le regard qui s'aide d'instruments d'optique, la lecture du livret, l'attroupement ; en un mot, la foule des premiers jours.

9. Sur ce sujet, voir notre article à paraître dans *Quarante-huit/ Quatorze,* conférences du musée d'Orsay.

10. A titre d'exemple, on peut lire cette phrase d'E. Clerc extraite de son article publié dans *Le Charivari* du 16 mars 1869 : « Après avoir visité les principaux ateliers de peintres de Paris, *Le Charivari* peut, dès aujourd'hui, fournir à ses lecteurs quelques indiscrétions sur le prochain Salon. »

11. Le Salon est un phénomène social si important au XIXe siècle que l'on trouve un nombre considérable de planches ou de défets d'illustrations consacrés à ce sujet, au cabinet des Estampes de la Bibliothèque nationale ou du musée Carnavalet par exemple.

12. La lecture du livret du Salon de 1840 réserve une curieuse surprise. Jean-Louis Bézard expose sous le n° 94 *St Roch priant pour les pestiférés* et sous le n° 95 *L'Assomption de la Vierge* accompagnée du commentaire suivant : « La naissance, le mariage, l'annonciation de la Vierge et la nativité de Jésus-Christ, sont représentés aux quatre angles du tableau. » Les charges de Daumier viseraient-elles ces deux œuvres à l'aide de subtiles sous-entendus ?

13. Bien entendu, on peut replacer ce *Salon* dans son contexte après la lecture des écrits esthétiques de Baudelaire. Les notes de C. Pichois dans le 2e volume des *Œuvres complètes* dans la « Bibliothèque de la Pléiade » sont très utiles ainsi que l'article de M.-C. Chadefeaux cité dans la bibliographie. Sur le Salon « sérieux », on peut se reporter à l'ouvrage de D. Kelley *Baudelaire. Salon de 1846* et à de nombreux articles ou communications.

14. Ce tableau est plutôt mal reçu par la critique. Dans *La Revue Indépendante,* A. Guillot écrit : « Mais fût-elle la plus merveilleuse du monde, la couleur autoriserait-elle ce dessin qui ferait honte au dernier des écoliers ? », beaucoup d'autres textes sont de cette veine. Lorsque l'œuvre sera exposée à la rétrospective de 1855, elle sera encore l'objet de caricatures comme celle de Bertall dans *Le Journal pour rire* du 25 août **(Cat 31)**.

15. Japhet et Sem sont les pseudonymes qu'adopteront deux illustrateurs : Alexandre Jazet et Serge Goursat. Du premier on peut citer *Le Salon pour rire de 1883,* Paris, Nilson, 1883.

16. Sur ce sujet, on peut se reporter à *La critique d'art en France, 1850-1900,* Actes du colloque de Clermont-Ferrand, 25, 26, 27 mai 1987, réunis et présentés par J.-P. Bouillon, Université de Saint-Etienne, C.I.E.R.E.C., 1989.

17. Pierre Véron, journaliste né à Paris en 1833 gendre de Philipon. Il entre au *Charivari* en 1859 et collabore à de nombreux journaux comme *Le Journal Amusant, Le Monde illustré* ou *Le Nain Jaune.*

18. Michel Thévoz, *L'Académisme et ses fantasmes,* Paris, les Éditions de Minuit, 1980, p. 23.

19. Roland Barthes, *Roland Barthes par Roland Barthes,* Paris, Le Seuil, coll. « Écrivains de toujours », 1975, p. 51.

20. Grand in-folio créé en 1842 par Philipon, il compte deux volumes et plus de 1 400 illustrations.

21. Les lois de septembre 1835, dites « lois scélérates », interdisent la caricature politique.

22. Pour une approche de ces divers phénomènes, se reporter au livre de C. Charpin *Les Arts Incohérents (1882-1893),* Paris, Editions Syros Alternatives, 1990 et à l'étude de D. Grojnowski et B. Sarrazin *L'Esprit fumiste et les rires fin de siècle,* Paris, Corti, 1990.

23. Jean Prinet et Antoinette Dilasser, *Nadar,* Paris, A. Colin, 1966.

24. Félix Ribeyre, *Cham, sa vie et son œuvre,* Paris, Plon, 1884.

25. Charles Fontane, *Un Maître de la caricature, André Gill,* Paris, Éditions de l'Ibis, 2 vol., s.d. ; J. Valmy-Baysse, *Le Roman d'un caricaturiste, André Gill,* Paris, Éditions Marcel Seheur, 1927.

26. Cette critique est publiée par D. Riout dans son recueil *Les écrivains devant l'impressionnisme,* Paris, Macula, 1989.

27. Cette année-là, Gill expose *Un joyeux compagnon* sous le n° 915 et, en collaboration avec M. Baduel, *La chanson du fou* sous le n° 71.

28. Le musée du Louvre, le musée du Petit Palais ou le musée Carnavalet possèdent certains de ses dessins par ailleurs fréquents dans les collections particulières.

29. Anecdote rapportée par Paul Guinard, *Goya,* Paris, Flammarion, collection « Tout l'œuvre peint », 1976, p. 10.

30. Le texte complet mérite d'être reproduit : « Ceci n'est pas un

jeu d'esprit, je vous le jure ; c'est gravement, sérieusement, et surtout fort consciencieusement que je l'écris : à mon avis, le meilleur tableau du Salon, celui qui réunit au plus haut point les qualités les plus élevées, c'est..., j'oserai le dire... l'*Intérieur d'atelier*, peint par M. Decamps. — Je sais parfaitement tout ce que l'on peut dire de ce jugement : « Le tableau de M. Decamps n'est qu'une caricature, sans conséquence... Un singe qui peint, un autre qui broie des couleurs, sont une bouffonnerie plus ou moins bien exécutée ; mais appeler cela un tableau, c'est vouloir dégrader l'art : tout au plus est-ce un ouvrage du dernier ordre, un misérable tableau de genre, et encore d'une dimension imperceptible..., etc. ». On peut dire cela, je le sais, et cent autres choses encore, non compris les injures ; on peut trouver mon jugement niais, ridicule, absurde. »

31. William Hogarth, *The Analysis of beauty* (1753), traduction française *L'Analyse de la beauté*, Paris, Nizet, 1963. Voir en particulier le texte de la gravure *The Bench* reproduit en appendice dans ce volume.

32. A propos de *L'Estaque, l'embarcadère* de Braque (1906), André Pératé dans *La Gazette des Beaux-Arts* du 1er mai 1906, parle de déformations *incohérentes* (c'est moi qui souligne) et provocatrices qui « ... veulent nous apparaître comme un élément indispensable du décor, laissent une surprise d'involontaire caricature ».

33. Lewis Hind relate une visite chez les Stein vers 1910-11 et fait allusion à une toile qui pourrait être *Luxe I* : « ... ma première réaction fut la consternation, presque l'horreur. Ce groupe de nus, ces teintes plates — de la couleur de peintre en bâtiment — un nu vert, un nu rose, un nu jaune pâle. Ces monstres nés de formes féminines, ces caricatures de nus ! ». Propos rapportés par Isabelle Monod-Fontaine dans *Matisse*, œuvres des collections du Musée national d'art moderne, Paris, 1979, p. 33.

34. Grâce au livre de C. Léger, les caricatures sur Courbet sont les plus connues. L'exposition leur accorde une place de choix ainsi qu'à celles des œuvres de Manet. La confrontation avec les charges d'autres artistes permettra de relativiser le phénomène. Le catalogue *Courbet und Deutschland* (Hambourg et Francfort, 1978 et 1979), très illustré et riche de caricatures, contient deux articles sur notre sujet : « Der karikierte Courbet » de Peter-Klaus Schuster et « Courbets Modernität im Spiegel des Karikatur » de Klaus Herding.

35. Le cru 1868 ne semble guère fameux et certains s'en plaignent. Le texte de B. de Renjarde dans *Le Petit Journal* est sûrement le plus représentatif : « Cette année, comme pour compenser l'absence d'une toile à sensation, on y a réuni (dans le salon carré) un grand nombre de tableaux qui peuvent être considérés comme la caractéristique de l'art actuel, c'est-à-dire des natures mortes, des intérieurs, des panneaux décoratifs, ce que, en style de commissaire-priseur, on appelle des tableaux meublants. »

36. Parsons et Ward recensent 131 références de textes pour le Salon de 1868.

37. Bien entendu, ces chiffres s'entendent sauf erreur ou omission. Le corpus pour l'étude de ce Salon contient peu de journaux spécialisés ou ayant publié des textes de critiques réputés, ceux que l'on cite d'habitude. Les journaux comiques, certains ne faisant pas paraître de critiques écrites, de grands hebdomadaires et trois périodiques artistiques ont été privilégiés : *L'Art, L'Artiste, Le Bouffon*, l'album Cham, *Le Charivari, La Chronique Illustrée, La Comédie, Le Courrier Français, Dartagnan, l'Éclipse, l'Événement Illustré, La Gazette des Beaux-Arts, Gill-Revue, Le Hanneton, L'Illustration, L'Image, L'Indépendance Parisienne, Le Journal Amusant, La Marotte, Le Magasin Pittoresque, Le Monde Illustré, Le Musée des Familles, Le Nain Jaune, Paris-Caprice, Le Petit Figaro, Le Petit Journal, Le Pilori, L'Univers Illustré, La Vie Parisienne* et le *Salon de 1868* de Boissin.

38. Il va de soi que la lecture des critiques plus « sérieuses » peut modifier considérablement l'approche de ce Salon. Les textes de Zola ne mentionnent quasiment aucun des artistes vedettes pour les caricaturistes mais s'attachent, comme on le sait, à Manet, Courbet ou Pissarro par exemple.

39. Expression empruntée à C. Rosen et H. Zerner dont l'ouvrage *Romantisme et réalisme, mythes de l'art du XIXe siècle*, Paris, Albin Michel, 1986, contient plusieurs textes intéressants pour notre sujet et en particulier « L'antichambre du Louvre ou l'idéologie du fini ».

40. Le cas de ce tableau révèle une fonction inattendue de la caricature. En effet, ce tableau ayant disparu, les seules traces qui subsistent sont celles des charges.

41. Sans doute est-ce le cas de la célèbre caricature de Turner représenté en train de peintre avec un balai. L'art du XXe siècle, l'art abstrait en particulier, donnera naissance à des charges qui interrogent très profondément l'essence des démarches et des idées.

42. Sur ce sujet, voir l'article de C. Rosen et H. Zerner dans l'ouvrage cité, « Le *juste milieu* et Thomas Couture ».

43. D'une manière générale, tous les effets de « sortie du cadre » rejoignent ce principe de « résurrection ».

44. Sur la question du statut des dessins d'enfants dans les représentations et sur de nombreux autres points non sans rapport avec l'accusation d'« enfantillage », voir le livre à paraître de Pierre Georgel, *L'Enfant au bonhomme*.

45. Sur les rapports de l'œuvre de Courbet, de la caricature et de l'imagerie populaire, se référer à l'important article de M. Schapiro « Courbet et l'imagerie populaire » repris dans le recueil *Style, artiste et société*, Paris, Gallimard, 1982, p. 273-328.

46. B. de Renjarde dans *Le Petit Journal* du 7 mai : « Jamais le maître-peintre, ainsi qu'il s'intitule lui-même, n'est allé aussi loin dans la représentation des personnalités repoussantes. *L'enterrement, Les Demoiselles au bord de la Seine, Le Portrait de Proudhon* même étaient de pures idylles en comparaison. »

47. Pierre Colinot conclut ainsi son article dans *L'Art* du 29 mai : « La Grande République », qui ignore la mendicité, devrait, par orgueil national, acheter ce tableau et le placer au Capitole, afin d'avoir constamment sous les yeux la conclusion fatale du système autoritaire ».

48. Le thème de la saleté ou de la propreté est un leit-motiv de la critique du XIXe siècle. On emploit l'un ou l'autre selon le camp où l'on se situe. Ainsi Zola décline tous les adjectifs liés à la propreté pour stigmatiser les peintres académiques.

49. Des références à la « vie privée » se rencontrent avant l'inauguration de l'exposition comme dans *Le Charivari* du 22 mars qui publie un dessin de Cham où un homme grimpe sur une échelle et regarde derrière le « mur de la vie privée ». Pendant la durée du Salon, la « Revue du trimestre » de Bertall dans *L'Illustration* du 22 mai évoque encore le mur. Enfin, la vignette de titre du *Salon de 1868* de Cham représente un cadre encadrant un mur. Ces ponctuations dont d'autres exemples sont repérables dans d'autres Salons caricaturaux s'expliquent évidemment par un événement extérieur de nature sociale et politique. Il s'agit de la loi du 9 mars 1868 et de l'article II de la loi du 11 mai qui stipule : « Toute publication dans un écrit périodique relative à un fait de vie privée constitue une contravention. » Fréquentes sous le second Empire, les attaques sur la vie privée peuvent avoir des visées politiques. Une loi s'imposait donc pour mettre un frein aux abus de la presse. Selon Mérimée « La princesse de Metternich a voulu cela. Cela va faire mourir bien des gens de lettres qui vivaient de cancans ». Le Salon et le périodique, comme lieux à « cancans », se retrouvent dans les vignettes des Salons caricaturaux qui accueillent ainsi dans le « milieu de l'art », pour les y transformer, les échos du monde extérieur. Je remercie Gilles Candar de m'avoir fourni ces précisions historiques et littéraires.

50. Les attaques contre la noirceur des tableaux sont une constante de la critique formelle. La palme revient à Ribot auquel on reproche chaque année ses excès de couleurs sombres.

51. La plus amusante promenade du chat est celle que lui fait faire Bertall dans *L'Illustration* du 17 juin 1865 où l'animal est représenté quatre fois.

52. M. Zola demande la parole : « *Le Charivari*. — C'est à regret que je vous la donne. *M. Zola*. — Messieurs, le moment est venu où les positivistes en peinture doivent affirmer leur manque de croyances. Dans l'art comme dans la nature je crois à la tache spontanée. *Le Charivari*. — C'est de l'athéisme artistique. *M. Zola*. — Je prouve mon dire. Ne vous est-il pas

arrivé souvent, messieurs, en brossant vos paletots, de rester confondus à la vue des maculatures dont vous ne pouviez vous expliquer l'origine ? *M. Zola.* – Effet sans cause ! ce que j'appelle la tache spontanée. *Le Charivari.* – Cette doctrine, qui nie l'existence de l'auteur de toutes choses, cause à la chambre la plus pénible impression. *M. Zola.* – Je dis que chez certains peintres, M. Manet entre autres, la peinture se produit sans que le cerveau y prenne la moindre part. »

53. Alfred d'Aunay éclaire cet étrange parti pris : « A propos du Salon, vous n'êtes pas sans avoir ouï parler des deux tableaux de M. Charles Marchal, *Pénélope* et *Phryné.* Dimanche dernier, nous en donnions la charge, par Bertall, extraite du *Journal amusant,* et voilà qu'en feuilletant de nouveau l'album de MM. Kugelmann et Pothey, *les Salons,* nous y trouvons des dessins de M. C. Marchal représentant ces deux toiles, désormais célèbres. Nous avons la bonne fortune d'en reproduire une aujourd'hui.

54. Je remercie Monsieur Garreta pour ces précisions historiques.

Bibliographie

Ne figurent dans cette bibliographie que les ouvrages généraux qui introduisent à ce *dossier* et les articles qui lui sont plus précisément consacrés.

Les catalogues d'exposition contiennent des études sur des points souvent évoqués dans ce *dossier* et de nombreuses reproductions d'œuvres qui y sont citées.

On trouvera en notes d'autres références à l'histoire de l'art, à l'histoire de la presse et à l'histoire de la caricature.

Presse

Histoire générale de la presse française, tomes II et III (publiée sous la direction de Jacques Godechot, Pierre Guiral et Fernand Terrou), Paris, Presses universitaires de France, 1972.

Bellet (Roger) : *Presse et journalisme sous le second Empire,* Paris, Armand Colin, 1967.

Jones (Philippe) : « La presse satirique illustrée entre 1860 et 1890 », *Études de presse,* nouvelle série, vol. VIII, n° 14, 1956, p. 3-113.

Marchandiau (Jean-Noël) : *L'Illustration 1843-1943, Vie et mort d'un journal,* Toulouse, Bibliothèque historique Privat, 1987.

Parsons (Christopher) et Ward (Marthe) : *A Bibliography of Salon Criticism in Second Empire Paris,* Cambridge University Press, 1986.

Watelet (Jean) : « La presse illustrée », dans *Histoire de l'édition française,* Paris, Promodis, 1985, tome III, p. 329-341.

Caricature

Grand-Carteret (John) : *Les Mœurs et la Caricature en France,* Paris, Librairie illustrée, 1888.

Hofmann (Werner) : *La Caricature de Vinci à Picasso,* Paris, Somogy Gründ, 1958.

Letheve (Jacques) : *Impressionnistes et symbolistes devant la presse,* Paris, Armand Colin, 1959.

Letheve (Jacques) : *La Caricature et la presse sous la IIIe République,* Paris, Armand Colin, 1961.

Melot (Michel) : *L'Œil qui rit, Le pouvoir comique des images,* Paris, Bibliothèque des Arts, 1975.

Robert-Jones (Philippe) : *De Daumier à Lautrec, Essai sur l'histoire de la caricature française entre 1860 et 1890,* Paris, Les Beaux-Arts, 1960.

Searle (Ronald), Roy (Claude) et Bornemann (Bernd) : *La Caricature, art et manifeste, du XVIe siècle à nos jours,* Genève, Skira, 1974.

Art et caricature

Chadefaux (Marie-Claude) : « Le Salon caricatural de 1846 et les autres Salons caricaturaux », *La Gazette des Beaux-Arts,* mars 1968, p. 161-176.

Delouche (Denise) : « Le tableau et sa caricature : les œuvres de Courbet vues par les caricaturistes », *L'Image par l'Image,* GRAC, Université de Rennes II, 1983, p. 21-25.

Leger (Charles) : *Courbet selon les caricatures et les images,* Paris, Paul Rosenberg, 1920.

Van Lennep (Jacques) : « Les expositions burlesques à Bruxelles de 1870 à 1914 : l'art zwanze – une manifestation prédadaïste ? », *Bulletin des musées royaux des Beaux-Arts de Belgique,* 1970, 2-4, p. 127-148.

A child of six could do it! Cartoons about Modern Art, Londres, The Tate Gallery, 1973.

Catalogues d'exposition

Équivoques, peintures françaises du XIXe siècle, Paris, musée des Arts Décoratifs, 1973.

Le musée du Luxembourg en 1874, peintures, Paris, Grand Palais, 1974.

L'Art en France sous le second Empire, Paris, Grand Palais, 1979.

Courbet, Paris, Grand Palais, 1977-78.

Manet, Paris, Grand Palais, 1983.

Liste des œuvres exposées

Parallèlement aux pièces originales, l'exposition présente deux types de documents photographiques : des reproductions des pages de périodiques ou d'albums non exposés et des reproductions des œuvres originales dont sont exposées les caricatures. Ces documents ne figurent pas dans cette liste.

Outre les peintures, dessins et photographies, les pièces originales sont composées d'estampes, de périodiques et d'albums. Les estampes imprimées sur blanc ou les défets d'illustration sont décrits en faisant apparaître, si possible et entre parenthèses, le support et la date de leur publication. Les périodiques peuvent être des numéros isolés ou contenus dans des volumes reliés ; les notices ne tiennent évidemment pas compte de cette différence.

Lorsque les illustrations sont « à la une » des périodiques, cas le plus fréquent, cela n'est pas précisé comme allant de soi ; dans les autres cas, le numéro de la page ou de la double page est mentionné.

Pour aider au parcours de l'exposition et compléter les informations du texte, les titres originaux des principales œuvres caricaturées sont mentionnées après la description du périodique, de l'album ou du livret.

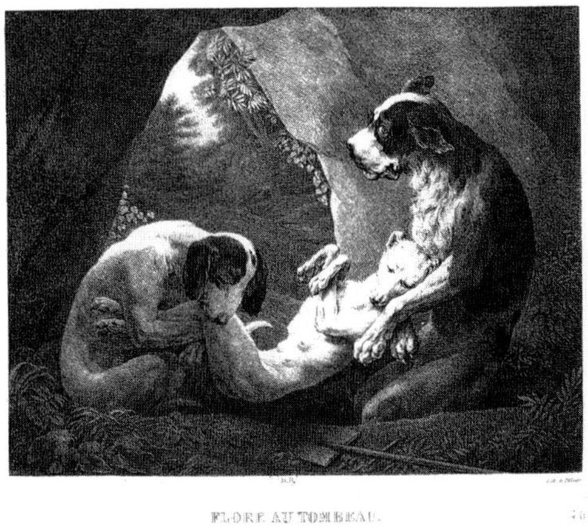

Cat 2

Cat 1 à 11

Les antécédents

1
Plainte de M. Badigeon, marchand de couleurs sur les critiques du Sallon de 1771
Amsterdam et Paris, 1771
1 vol. contenu dans un volume factice de « Pièces sur le Salon », 23 pages, 16 × 10 cm, ouvert à la page de titre
Paris, Bibliothèque historique de la ville de Paris

2
VILLAIN
« Flore au tombeau »
Lithographie contenue dans un album d'estampes
17,8 × 22,3 cm
Paris, Bibliothèque historique de la ville de Paris

3
Pierre-Joseph CHALLAMEL, 1813
« Les Experts »
Le Charivari, n° 134, 14 mai 1839
Lithographie, 17,5 × 25,9 cm, d'après l'œuvre de Decamps exposée au Salon de 1839
Paris, bibliothèque de l'Arsenal

4
VERTBLEU
« Fameux jury de peinture. Salon de 1840 »
Lithographie, 20 × 27,5 cm
Paris, musée Carnavalet

5
Honoré DAUMIER, 1808-1879
« Célèbrrre jury de peinture »
2e des 2 planches parues dans *Le Figaro* les 7 et 14 mars 1839 (*Le Figaro,* 14 mars 1839)
Lithographie, 20,5 × 27,7 cm
Paris, Bibliothèque nationale, Estampes

6
PRUCHE
« Tâchez donc de nous laisser tranquille avec vos galettes de tableaux ! !... »
43e planche de la série « Actualités »
(*La Mode,* 13 mars 1841)
Lithographie, 18 × 25,3 cm
Paris, musée Carnavalet

7
« Le Jury de peinture ou les aveugles qui jugent les couleurs »
81e planche de la série « Caricatures du jour »
(*Le Charivari,* 8 mars 1843)
Lithographie, 20 × 15,6 cm
Paris, musée Carnavalet

8
Paul GAVARNI, 1804-1866
« Voilà un triste salon... »
(*Le Figaro,* 10 mars 1839 et *Le Charivari,* 19 mars 1840)
Lithographie, 22,5 × 18,7 cm
Paris, Bibliothèque nationale, Estampes

9
Honoré DAUMIER
« Salon de 1840. Pèlerinage de Saint-Roch »
(*Le Charivari,* 7 avril 1841)
Lithographie, 15,6 × 22,5 cm
Paris, Bibliothèque nationale, estampes

10
Honoré DAUMIER
« Salon de 1840. Ascension de Jésus-Christ »
(*La Caricature,* 26 avril 1840
et *Le Charivari,* 1er avril 1841)
Lithographie, 20,6 × 14,5 cm
Paris, Bibliothèque nationale, Estampes

11
Charles-Joseph TRAVIERS de VILLERS, 1804-1859
« Salon de 1842. Enthousiasme impossible à décrire devant le tableau de M. Biard, *La Traversée du Havre à Honfleur* »
(*La Sylphide,* mai 1842, après la page 368)
Lithographie, 20,3 × 15,3 cm
Paris, musée Carnavalet

Cat 12 à 27

Les premiers Salons caricaturaux

12
« Exposition de 1841. Le tableau monstre, à vendre en totalité ou en partie »
Lithographie avec mention manuscrite, 16,8 × 23,7 cm
Paris, musée Carnavalet

13
BERTALL (Albert d'Arnoux dit), 1820-1882
Le Salon de 1843, 7e livraison des *Omnibus,*
Paris, Rousset, 1843
1 vol., 22,3 × 14,8 cm, paginé 90-104
Paris, Bibliothèque historique de la ville de Paris
Ouvert aux pages 96-97 : œuvres de Mlle Godefroid, Omer Chablet, Mauzaisse, Bouterwek, Mme Calamatta et Blondel.

14
Raymond PELEZ
« Première impression du Salon de 1843 »
Le Charivari, nº 78, 19 mars 1843
Paris, Bibliothèque historique de la ville de Paris

15
BERTALL
« Caricatures »
L'Illustration, nº 11, 13 mai 1843, p. 173
Paris, musée d'Orsay
Cette page est consacrée aux *Omnibus* et reproduit, entre autres, trois vignettes du « Salon de 1843 ».

16
Wilhelm TENINT
Album du Salon de 1842. Collection des principaux ouvrages exposés au Louvre, reproduits par les peintres eux-mêmes ou sous leur direction
Paris, Challamel, 1842
30 × 23,5 cm
Paris, bibliothèque Forney
Album de 59 pages et 37 reproductions gravées, ouvert pages 32-33 : *Vue du port de Cherbourg* par J.-F. Petit.

17
Charles BAUDELAIRE, 1821-1867, Théodore de BANVILLE, 1823-1891, VITU, 1823
1846. Le Salon caricatural en vers et contre tous
Paris, Charpentier, s.d. (1846)
Album illustré de 60 caricatures sur bois par BERTALL
24 pages, 24 × 16,5 cm
Paris, Bibliothèque nationale, Estampes
Ouvert aux pages 16-17 : *Saint Augustin et sa mère sainte Monique* d'Ary Scheffer, dont une réplique est conservée au musée d'Orsay.

18
Charles BAUDELAIRE
Salon de 1846
Paris, Michel Lévy frères, 1846
1 vol. pages, ouvert à la page de titre
Paris, bibliothèque du musée du Louvre

19
BERTALL
« Une promenade au Salon »
L'Illustration, nº 164, 18 avril 1846, p. 108-109
Paris, musée d'Orsay

20
Honoré DAUMIER
« Quand on a son portrait au Salon »
59e planche de la série « Les Beaux Jours de la Vie »
(Avec les mots : *Le Rapin,* au début de la 4e ligne, *Le Charivari,* 26 avril 1845)
Lithographie, 24,5 × 23 cm
Paris, Bibliothèque nationale, Estampes

21
Alphonse KARR, 1808-1890
« Les Guêpes au Salon »
Les Guêpes, Paris, Hetzel, Warnod et Cie, mars 1847, 96 pages
Paris, Bibliothèque nationale, Imprimés
Le périodique est ouvert aux pages (22-23) : « Devant le tableau de M. Couture ».

22
BERTALL
« Ce que l'on voit et ce qu'on entend au Salon »
« Les impressions de voyage de la famille Ballot au musée »
L'Illustration, nº 220, 15 mai 1847, p. 172-173
Paris, musée d'Orsay

23
Salon de 1847
Explication des ouvrages de peinture, sculpture, architecture, gravure et lithographie des artistes vivants, exposés au Musée royal le 16 mars 1847
Paris, Vinchon, 1847
Paris, musée d'Orsay
Le livret est ouvert aux pages 46-47 : œuvres de T. Couture.

24
« Ouverture du Salon de 1847 »
(*La Mode,* 15 mars 1847)
Lithographie, 19,3 × 15,3 cm
Paris, musée Carnavalet

25
François BIARD, 1798-1882
Quatre heures au Salon (fermeture du Salon annuel de peinture, alors installé dans la Grande Galerie du Louvre)
1847
Huile sur toile, 57,6 × 67,5 cm
Paris, musée du Louvre

26
Gustave DORÉ, 1832-1883
« Exposition pour rire. Salon de 1848 »
Le Journal pour Rire, 25 mars 1848, p. 3
Paris, bibliothèque de l'Arsenal

27
BERTALL
« Revue comique. Salon de peinture, de sculpture, d'architecture, etc. »
Le Journal pour Rire, 28 juillet 1849, p. 3
Paris, bibliothèque de l'Arsenal
Célèbre page où Ingres « le gris » et Delacroix « le coloriste » s'affrontent à cheval.

Cat 28 à 39

Les années 1850

28
BERTALL
« Le Salon dépeint et dessiné par Bertall »
Le Journal pour Rire, nº 91, 25 juin 1853
Carteret, collection Nicolas Rémon

29
BERTALL
« Le Salon dépeint et dessiné par Bertall »
Le Journal pour Rire, nº 93, 9 juillet 1853
Carteret, collection Nicolas Rémon

30
BERTALL
« Le Salon dépeint et dessiné par Bertall »
Le Journal pour Rire, nº 95, 23 juillet 1853
Carteret, collection Nicolas Rémon

31
BERTALL
« Le Salon dépeint et dessiné par Bertall »
Le Journal pour Rire, nº 204, 25 août 1855, p. 1 et 4
Paris, bibliothèque Forney

32
NADAR (Félix Tournachon, dit), 1820-1910
Nadar jury au Salon de 1857
Paris, Librairie nouvelle, 1857
18 × 22 cm
Paris, Bibliothèque historique de la ville de Paris
Album caricatural de 72 pages contenant 1 000 comptes rendus et 150 dessins, ouvert p. 36-37 : œuvres de Hamon...

33
Honoré DAUMIER
« Aspect du Salon le jour de l'ouverture... »
1re planche de la série « Le Salon de 1857 »
(*Le Charivari,* 22 juin 1857)
Lithographie, 19 × 25,2 cm
Paris, musée Carnavalet

34
Honoré DAUMIER
« Comment, c'est dans cette cave que... »
2e planche de la série « Le Salon de 1857 »
(*Le Charivari,* 2 juillet 1857)
Lithographie, 20,4 × 26,5 cm
Paris, musée Carnavalet

35
Honoré DAUMIER
« Le Restaurant de l'Exposition »
3e planche de la série « Le Salon de 1857 »
(*Le Charivari,* 1er juillet 1857)
20,5 × 25,8 cm
Paris, musée Carnavalet

36
Honoré DAUMIER
« Décidément, ce qui, cette année, obtient... »
4e planche de la série « Le Salon de 1857 »
(*Le Charivari,* 21 juillet 1857)
Lithographie, 20,5 × 26,5 cm
Paris, musée Carnavalet

37
Honoré DAUMIER
« Triste contenance de la sculpture... »
5e planche de la série « Le Salon de 1857 »
(*Le Charivari,* 22 juillet 1857)
Lithographie, 20,7 × 21 cm
Paris, musée Carnavalet

38
Honoré DAUMIER
« Papa..., viens donc voir ce qui est... »
6e planche de la série « Le Salon de 1857 »
(*Le Charivari,* 25 août 1857)
Lithographie, 19,3 × 25,3 cm
Paris, musée Carnavalet

39
Honoré DAUMIER
« C'est tout de même flatteur d'avoir... »
7e planche de la série « Le Salon de 1857 »
(*Le Charivari,* 31 août 1857)
25 × 20,9 cm
Paris, musée Carnavalet

Cat 40 à 56

Les années 1860

40
Ernest MEISSONIER, 1815-1891
Les Amateurs de peinture (dans le goût du XVIIIe siècle) dit aussi *Un peintre*
1860
Huile sur toile, 35,5 × 28,5 cm
Paris, musée d'Orsay

41
CHAM (Amédée-Charles Henri de Noé, dit) 1818-1879
Le Salon de 1857 illustré par Cham
Paris, Librairie Nouvelle, s.d. (1857)
25 × 18,5 cm
Carteret, collcction Nicolas Rémon
Album de 61 caricatures, ouvert pl. (II). *Les Demoiselles des bords de la Seine* de Courbet figurent à côté d'une mouche recouvrant un Meissonnier *(sic)*.

42
GALLETTI
Salon de 1861. Album caricatural
Paris, Bourdillian et Cie, s.d. (1861)
18 × 29 cm
Paris, Bibliothèque historique de la ville de Paris
Album de 47 planches contenant chacune plusieurs caricatures, ouvert pl. XXIV : sculptures de Chevalier et Lebœuf.

43
L. ROMAIN
« Épinards, écrevisses... »
L'Étincelle (Toulouse), no 8, 19 mai 1861, p. 7
Paris, Bibliothèque nationale, Imprimés

44
L. ROMAIN
« Les tableaux portant les nos 6 et 7... »
7e planche de la série « Salon » (*L'Étincelle,* mai 1861)
Lithographie, 27,5 × 20,5 cm
Paris, musée Carnavalet

45
CHAM
Cham au Salon de 1863
Paris, Martinet, s.d. (1863)
25 × 18,5 cm
Carteret, collection Nicolas Rémon
Album de 61 caricatures, ouvert pl. (VI) : *Portrait de Mme L...* et *Chasse au renard* de Courbet, ce dernier en rapport avec le dessin de l'album factice du Louvre (Cat. 116).
Le cheval de la *Chasse au renard* est repris dans *L'Illustration,* dans la *Revue trimestrielle* du 18 juillet 1863 et dans *Exposition des Beaux-Arts appliquée à l'industrie* du 21 novembre 1863. Une œuvre caricaturée une première fois subit ainsi trois transformations dans des contextes différents.

46
Honoré DAUMIER
« Cette année, encore des Vénus... »
1re planche (numérotée 2) de la série « Croquis pris au Salon »
(*Le Charivari,* 10 mai 1865)
Lithographie, 23,9 × 20,8 cm
Paris, musée Carnavalet

47
Jules BARIC, 1825-1905
C'est le portrait de la nommée Vénus
Lithographie avant la lettre, avec légende autographe, 25 × 32 cm
Tours, Musée des beaux-arts

48
Honoré DAUMIER
« Devant le tableau de M.-G. Moreau »
2e planche de la série « Croquis pris à l'exposition »
(*Le Charivari,* 3 juin 1864)
Lithographie, 24 × 20,9 cm
Paris, musée Carnavalet

49
Honoré DAUMIER
« Et toi, qu'est-ce que tu trouves de meilleur... »
Lithographie, 1er état avant la lettre avec titre et légende manuscrits, 22,5 × 22 cm
(avec la lettre, *Le Journal Amusant,* 18 juin 1864)
Paris, École nationale supérieure des beaux-arts

50
Honoré DAUMIER
« Il n'y a pas à dire, c'est bien moi... »
Lithographie, 1er état avant la lettre, avec titre et légende manuscrits, 22,5 × 22 cm
(avec la lettre, *Le Journal Amusant,* 18 juin 1864)
Paris, École nationale supérieure des beaux-arts

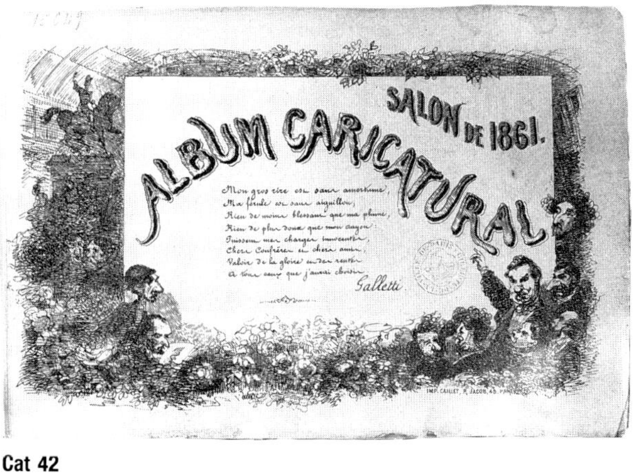

Cat 42

51
Honoré DAUMIER
« Le Visiteur : Oh ! pour le coup... »
Planche unique (numérotée 2) de la série « Croquis pris au Salon »
(*Le Charivari,* 30 mai 1864)
Lithographie, 23,9 × 21,2 cm
Paris, Bibliothèque nationale, Estampes

52
André GILL (Louis Gosset de Guines, dit), 1840-1885
« Le Salon pour rire, par Gill »
La Lune, n° 10, 13 mai 1866
Paris, Bibliothèque nationale, Estampes
Jeu de mots sur Monet et Manet à propos de *Camille* de Monet.

53
André GILL et A. OULEVAY
« Le Salon par Gill et Oulevay »
La Parodie, n° 1, 4 juin 1869
Paris, collection Raymond Bachollet
Les 16 pages du périodique sont démontées et présentées recto verso.

54
CHAM
Cham au Salon de 1867
Paris, Arnaud de Vresse, s.d. (1867)
25 × 18,5 cm
Carteret, collection Nicolas Rémon
Album de 60 caricatures, ouvert pl. (XII) sur les œuvres des sculpteurs Hébert, Révillon, Delhomme, Brouillet.

55
CHAM
Salon de 1869 charivarisé. Album de 60 caricatures
Paris, Arnaud de Vresse, s.d. (1869)
25 × 18,5 cm
Paris, collection particulière
Album ouvert pl. (X) : « Quelle horreur, le livret s'est trompé... »

56
André GILL et Albert COINCHON
« L'Accident Carpeaux »
L'Éclipse, 11 septembre 1869
Paris, collection Raymond Bachollet

Cat 57 à 66

Les années 1870

57
Alfred LE PETIT, 1841-1909
« Célébrités du Salon de peinture de 1870 »
La Charge, 25 juin 1870
Paris, collection Henri Bonnefoi
Ce numéro isolé est présenté recto verso avec la reproduction des autographes de peintres.

58
CHAM
Cham au Salon de 1870
Paris, Arnaud de Vresse, s.d. (1870)
25 × 18,5 cm
Carteret, collection Nicolas Rémon
Album de 61 caricatures, ouvert pl. (XII) : *Saint Jean-Baptiste* de Puvis de Chavannes...

59
CHAM
« 604, Fantin la tour... »
« 619, Mlle Ferrère... »
Plume et encre brune sur traits à la mine de plomb, 23 × 17,6 cm
Paris, musée du Louvre, Département des arts graphiques
Dessins d'illustration parus dans *Le Charivari* le 2 juin 1872. Deux caricatures : *Le Coin de table* de Fantin-Latour et *La Bouquetière de Trianon* de Mlle Ferrère.

60
BERTALL
« Le Salon de 1872 dépeint et dessiné par Bertall »
Le Grelot au Salon, 1872
Carteret, collection Nicolas Rémon
4 numéros de 8 pages du *Grelot* composent ce Salon. Quatorze des 16 pages couleurs et 2 des 16 pages en noir sont montrées à l'exposition.

61
Léon BONNAT, 1833-1922
Carnet contenant 39 parodies de tableaux exposés au Salon de 1875
Mine de plomb et aquarelle sur agenda
9,8 × 6,5 cm
Paris, musée du Louvre, Département des arts graphiques
Rare exemple d'un artiste qui confectionne son propre Salon caricatural. Les charges, plus ou moins moqueuses, sont dirigées vers plusieurs tendances esthétiques, de Falguière à Manet, en passant par Vollon, dont *Armures* (musée d'Orsay) est parodié à la page où est ouvert le carnet.

62
ZAG
« Sarah belle d'indolence, par M. Clairin », *Zigzags à la plume à travers l'art,* n° 2, 7 mai 1876 p. 12
Paris, collection Henri Bonnefoi
Ce périodique dont les 9 premiers numéros sont consacrés à des comptes rendus comiques et sérieux du Salon de 1876 fait alterner des caricatures et des reproductions des œuvres. La page 13 reproduit des dessins d'après Renoir, Monet et Pissarro.

63
CHAM
Le Salon pour rire, 1876
Paris, Le Charivari, 1876
25 × 18,5 cm
Carteret, collection Nicolas Rémon
Album de 60 caricatures, ouvert pl. (II) : Sarah Bernhardt de Clairin

64
Salon de 1876
Paris, Goupil et Cie, 1876
Paris, musée d'Orsay
Premier catalogue du Salon illustré de photographies, en deux volumes ; ouvert à la planche XVIII : « Portrait de Mlle Sarah Bernhardt, sociétaire de la Comédie-Française. »

65
CHAM
Le Salon pour rire, 1877
Paris, Le Charivari, 1877
25 × 18,5 cm
Carteret, collection Nicolas Rémon
Album de 61 caricatures, ouvert pl. (X) : *Portrait de M. Faure, dans le rôle d'Hamlet* de Manet et *Portrait du général C. de M.* de Baudry...

66
Alfred LE PETIT
« Pétard-Salon »
Le Pétard, n° 52, 16 juin 1878, p. [2-3]
Paris, Bibliothèque nationale, Estampes

Cat 67 à 80

Les années 1880

67
SOCK
Revue comique [du] Salon Hâvrais, 1880
s.l.n.d.
32,5 × 25 cm
Paris, Bibliothèque nationale, Estampes
L'album est ouvert à la planche représentant *Portrait de Mlle Sarah Bernhardt* de Bastien-Lepage et *Le Printemps* de Monet.

68
LAFLECHE
« Actualités — Mince de moines... »
La Jeune Garde, n° 159, 16 mai 1880
Pairs, Bibliothèque nationale, Imprimés

69
UZES
« Salon comique »
Le Canard, n° 7, 13 mai 1882
Paris, bibliothèque de l'Arsenal
Trois dessins sont particulièrement intéressants sur cette « une » : *Le Fou* d'André Gill, *La Vérité* de Baudry (musée d'Orsay) et *L'Empereur Maxi-*

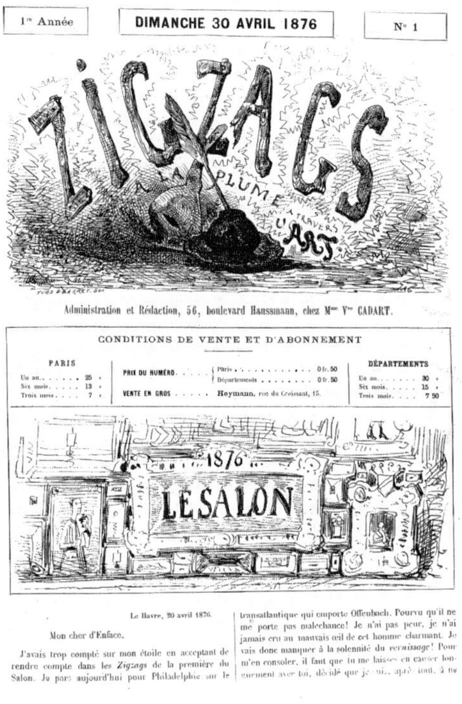

Cat 62 (couverture)

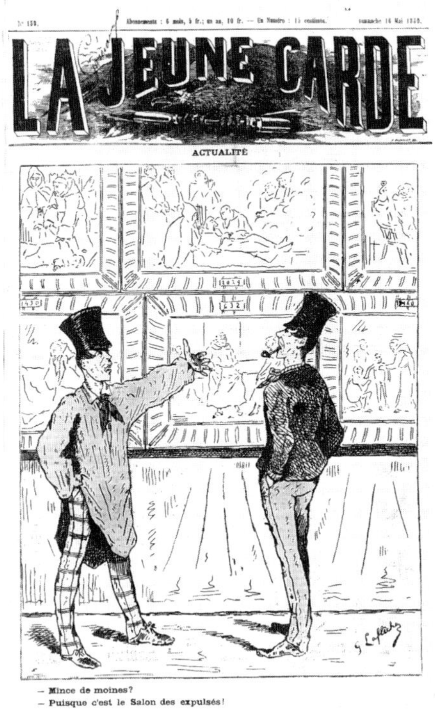

Cat 68 (couverture)

milien du Mexique avant son exécution de Laurens conservé à la Galerie Tretiakov de Moscou, tableau utilisé par Pierre Desproges dans son *Dictionnaire superflu à l'usage de l'élite et des bien-nantis.*

70
Pierre DESPROGES
Dictionnaire superflu à l'usage de l'élite et des bien-nantis.
Paris, Le Seuil, 1985
Le livre est ouvert pages 14-15, aux lettres C comme Chaussure et D comme Directeur.

71
DRANER (Jules Renard, dit)
« Le Salon nocturne »
La Caricature, n° 22, 29 mai 1880
Paris, collection Raymond Bachollet

72
Albert ROBIDA, 1848-1926
« Le Jour du vernissage »
La Caricature, n° 71, 7 mai 1881
Paris, collection Raymond Bachollet

73
Albert ROBIDA
« Le Vernissage »
La Caricature, n° 280, 9 mai 1885
Paris, collection Raymond Bachollet

74
MOLOCH (B. Colomb, dit), 1849-1909
« Un tour au Salon »
La Chronique parisienne, n° 249, 17 mai 1885, p. [7]
Paris, collection Raymond Bachollet
Sur cette page : *Portrait de Clemenceau* de Rafaelli, *La mère des Gracques* de Boulanger, *Martyre de saint Denis* de Bonnat...

75
WILLETTE, 1857-1926
« Le Jury de peinture. Esquisse du tableau de R. Gervex »
Le Chat noir, n° 173, 2 mai 1885 p. [2-3]
Gentilly, collection Michel Dixmier

76
Albert WOLFF
Figaro-Salon, n° 2
Paris, Goupil et Cie, 1885
Paris, Bibliothèque nationale, Imprimés
Ouvert page 25 : *Martyre de saint Denis* de Bonnat.

77
WILLETTE
« Au Salon »
Le Courrier français, n° 18, 1er mai 1887
Paris, collection Raymond Bachollet
Jeu de mots sur Bôna (Bonnat) qui expose cette année-là le *Portrait de M. Alexandre Dumas.*

78
CARAN D'ACHE (Emmanuel Poiré, dit), 1859-1909
« Peintre d'Histoire. Peintre pleinairiste »
(Les Peintres chez eux)
La Revue Illustrée, n° 10, 1er mai 1886, p. [340-341]
Paris, Bibliothèque historique de la ville de Paris

79
CARAN D'ACHE
et Manuel LUQUE, 1854
Peintres et Chevalets
Paris, Léon Vanier, 1887, p. 19
Paris, Bibliothèque nationale, Estampes
Album oblong de 32 pages et 57 caricatures, ouvert p. 19 : Dupray, Dagnan-Bouveret, Renan et Duez.

80
STOP (Pierre Gabriel B.L. Morel Retz, dit), 1825-1899
Salon humoristique
Paris, publication du Journal Amusant, 1888
1 vol., 76 pages, 25 × 15 cm
Paris, Bibliothèque nationale, Imprimés
Ouvert à la page de titre.

Cat 81 à 93

Fin de siècle

81
Jules CHERET, 1836-1933
Exposition universelle des Arts Incohérents
1889
Affiche, 57,5 × 40 cm
Paris, musée Carnavalet

82
WILLY (Henry Gauthier-Villars, dit), 1859-1931 et CHRISTOPHE (Georges Colomb, dit) 1859-1945
Comic-Salon. (Champs-Élysées et Champ-de-Mars)
Paris, Vanier, 1892
1 vol. 17 × 11,5 cm, 26 p.
Paris, Bibliothèque nationale, Estampes
Ouvert p. 10-11 : Cormon, *Les Funérailles d'un chef.*

83
GROSCLAUDE
et Albert GUILLAUME, 1873-1942
« Le Salon fantaisiste par Grosclaude, illustré par Guillaume »
Le Figaro, supplément illustré, n° 19, 12 mai 1894, p. 1 et 4
Paris, collection Raymond Bachollet

84
Albert GUILLAUME
« Le Train du Salon »
Dessin d'illustration, plume et encre noire, 15 × 42 cm
Paris, collection Jacques Benelli

85
Albert GUILLAUME
« Vingt minutes d'arrêt-buffet »
1898
Dessin d'illustration, plume et encre noire, 30,5 × 80,5 cm
Paris, collection Jacques Benelli

86
Albert GUILLAUME
« 6 dessins sur le Salon »
Dessins d'illustration, plume et encre noire, 32 × 41 cm
Paris, collection Jacques Benelli

87
Félix VALLOTTON, 1865-1925
« Un tour au Champ-de-Mars »
Le Rire, n° 27, 11 mai 1895, p. 33
Paris, musée d'Orsay

88
Charles LÉANDRE, 1862-1930
« C'est la première fois cette année que nous avons conduit nos fillettes à l'exposition de peinture »
Le Rire, n° 40, 10 août 1895
Paris, collection Raymond Bachollet

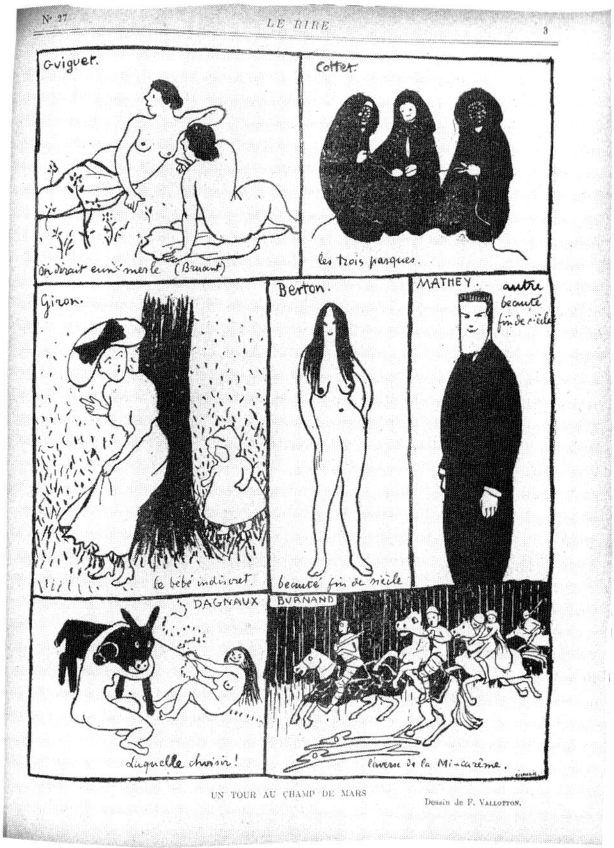

Cat 87 (page 3)

89
Lucien METIVET, 1863-1932
« Tiens, mon ancien cocher ! »
Le Rire, n° 81, 23 mai 1896
Paris, musée d'Orsay

90
Henri-Gustave JOSSOT, 1856-1951
« Devant un Bouguereau »
La Plume, n° 162, 19 janvier 1896, p. 3
Gentilly, collection Michel Dixmier

91
« La Foire aux Navets »
Le Journal, revue humoristique des Salons par les Veber's, supplément gratuit au n° de ce jour, mai 1899, p. 1 et 4
Paris, collection Raymond Bachollet
Le tableau d'Henri Martin, *Sérénité* (musée d'Orsay) figure sur cette page.

92
AROUN AL RACHID
« Bouguereau » et « Gérôme »
L'Assiette au Beurre, « La Foire aux croûtes » n° hors série, 1902, p. 2-3
Paris, collection Raymond Bachollet

93
Paul IRIBE, 1883-1935
L'Assiette au Beurre, « La Foire aux croûtes » numéro hors série, 1902, p. (28-29)
Paris, musée d'Orsay
Ce numéro exceptionnel réunit 16 portraits-charges d'Aroun al Rachid et 28 parodies de Paul Iribe. Les pages (28-29) sont consacrées à B. Constant, Chartran, M. Cosson et Hébert. Les textes sont d'Ernest la Jeunesse et les légendes des tableaux de Paul Iribe.

Cat 94 à 100

Histoire et Politique

94
Cham au Salon de 1867
Paris, Arnaud de Vresse, s.d. (1867)
25 × 18,5 cm
Paris, collection particulière
Album de 61 caricatures, ouvert pl. (IX) : *Le Marché d'esclaves* de Gérôme...

95
Cham au Salon de 1870
Paris, Arnaud de Vresse, s.d. (1870)
25 × 18,5 cm
Paris, collection particulière
Album de 61 caricatures, ouvert pl. (X) : *La Falaise d'Étretat après l'orage* de Courbet et *La Vérité* de Lefebvre.

96
« Revue comique »
L'Esprit Follet, nº 98, 27 janvier 1872, Paris, Bibliothèque nationale, Imprimés

97
André GILL
« Le Radeau de la Méduse par Gill »
L'Éclipse, 9 juin 1872
Paris, Bibliothèque nationale, Estampes

98
André GILL
« Pleine Mer. Mon tableau pour le Salon »
L'Éclipse, nº 285, 12 avril 1874
Paris, Bibliothèque nationale, Estampes

99
« Liberté. Hommage à la censure républicaine »
La Jeune Garde, nº 3, 20 mai 1877
Paris, Bibliothèque nationale, Estampes

100
PAULO
« La Question au Salon de 1878 »
La Question, nº 14, 2 juin 1878, p. 96-97
Paris, collection Henri Bonnefoi
Ce périodique, sous-titré « Journal de la torture », consacre plusieurs numéros à des Salons caricaturaux.

Cat 101 à 110

Le dernier jour, les refusés

101
Honoré DAUMIER
« Le Dernier Jour de la réception des tableaux »
3ᵉ planche de la série « Actualités », 1845-46
(*Le Charivari,* nº 51, 20 février 1846)
Lithographie, 21 × 27,2 cm
Paris, Bibliothèque nationale, Estampes

102
Gustave DORE
« Le Dernier Jour de la réception des œuvres d'art pour le Salon de 1866 »
Défet du *Journal Illustré,* 31 mars 1866
32 × 24 cm
Paris, musée Carnavalet

103
CHAM
« Ces peintres ! peindre sur de la toile quand ils n'en ont seulement pas pour se faire des chemises »
Dessin d'illustration, plume et encre brune, 8,1 × 18,2 cm
Paris, musée du Louvre, Département des arts graphiques

104
CHAM
« Sont bêtes, ces peintres ! V'la un officier qui est dans l'infanterie et on ne lui met pas de jambes ! »
Dessin d'illustration, plume et encre brune sur traits à la mine de plomb, 8,3 × 17,7 cm
Paris, musée du Louvre, Département des arts graphiques

105
Honoré DAUMIER
« Marche funèbre ! »
2ᵉ planche de la série « L'Exposition Universelle », 1855
Lithographie, 20,5 × 24, 8 cm
Paris, musée Carnavalet

106
Georges NUMA
Paris-Bouffon
Paris, Arnaud de Vresse, s.d. (1863)
24,5 × 18 cm
Carteret, collection Nicolas Rémon
Album de 57 caricatures sur des sujets divers, ouvert pl. (X) : le Salon officiel et le Salon des Refusés.

107
CHAM
Cham au Salon de 1863, deuxième promenade
Paris, Martinet, s.d. (1863)
25 × 18,5 cm
Paris, collection particulière
Album de 61 caricatures, ouvert pl. (XIII) : le Salon des Refusés.

108
Alfred DARJOU, 1832-1874
« Le Public au Salon de 1864, section des refusés »
(*Le Charivari,* 20 mai 1864)
Lithographie, 24 × 20 cm
Paris, musée Carnavalet

109
DUO
« Les Refusés »
Dessin d'illustration, plume et encre noire sur carton,
35 × 26 cm
Paris, musée Carnavalet

110
Georges ROCHEGROSSE, 1859-1938
Henri PILLE, 1844-1897
« Les Coulisses du Salon »
« La Comédie du Salon »
Défets de *Paris illustré,* nº 30, Iᵉʳ mai 1885
Paris, musée Carnavalet

Cat 111 à 125

Les illustrateurs

111
BERTALL
Les Buses-Graves
3ᵉ et 4ᵉ livraison des *Omnibus*
Paris, Rousset, 1843
1 vol., 21,7 × 13 cm
Paris, Bibliothèque historique de la ville de Paris
Ouvert à la page de titre. Le verso de la couverture est consacré à une annonce du *Salon de 1843* avec la reproduction des trois premières vignettes **(Cat 13).**

112
Photographie de Bertall
série du *Figaro-Album*
10,4 × 6,3 cm
Carteret, collection Nicolas Rémon

113
Carlo GRIPP
« Dernière incarnation de Nadar »
La Lune, nº 11, 20 mai 1866, p. 4
Paris, collection Raymond Bachollet
Nadar en ballon est en train de faire un croquis au Salon. La vignette est accompagnée d'un poème de L. Houssot.

114
NADAR
« Musiciens et peintres par Nadar »
Petit Journal pour Rire, nº 7, septembre 1856, p. 7
Paris, collection Raymond Bachollet

115
NADAR
Album du Salon. Nadar Jury, 1852
Paris, *l'Éclair,* 1852
18 × 22 cm
Paris, Bibliothèque nationale, Estampes
Album caricatural de 12 planches, comportant 62 vignettes, ouvert pl. (IX) : œuvres de Haffner, Aligny, Vidal, Jadin

116
CHAM
Album factice de 410 dessins destinés à être reproduits dans la presse
Paris, musée du Louvre, Département des arts graphiques
L'album est ouvert aux deux dernières pages : Puvis de Chavannes, Millet, Courbet, Manet.

117
CHAM
« Jury de peinture... »
Dessin d'illustration, plume et encre noire sur traits de crayon, 15 × 15 cm
Paris, musée du Louvre, Département des arts graphiques

118
CHAM
« 571. Courbet » et « 1991. Puvis de Chavannes »
Plume et encre noire sur traits de crayon, 6,5 × 8,5 cm et 7 × 11,5 cm
Paris, musée Carnavalet
Dessins d'illustration parus dans *Le Charivari* en 1869 : *L'Hallali du cerf, épisode de chasse à courre par un temps de neige* de Courbet et *Marseille, porte d'Orient* de Puvis de Chavannes.

119
CHAM
« Dubufe (542) »
Plume et encre noire, 6,2 × 10,5 cm
Paris, musée Carnavalet
Dessin d'illustration paru dans *Le Charivari* en 1872 : *Medjé* de Dubufe.

120
CHAM
« Demandez au peintre ce que cela représente ?
— Messieurs, il ne s'en rappelle plus ! »
Dessin d'illustration, plume et encre noire sur traces de crayon, 14,5 × 18 cm
Paris, musée du Louvre, Département des arts graphiques

121
CHAM
Cham au Salon de 1861
Carteret, collection Nicolas Rémon

122
CHAM
Le Salon de 1866 photographié par Cham
Carteret, collection Nicolas Rémon
La première et la quatrième page de ces deux derniers albums sont exposées l'une à côté de l'autre.

123
BERNAY
« Portrait-charge de Cham »
Le Hanneton, n° 35, 10 octobre 1867
Paris, Bibliothèque nationale, Estampes

124
Étienne CARJAT, 1828-1906
André Gill
Photographie, Woodbury type
23 × 18 cm
Paris, musée d'Orsay
La photographie illustre un article de Paul Hippeau dans le volume *Galerie contemporaine des illustrations françaises,* Paris, Paul de Lacroix, s.d. La page de droite reproduit une caricature de Thiers.

125
André GILL
Portrait de J.-F. Bouchor
1879
Huile sur bois, 32,5 × 24 cm
Paris, musée du Petit Palais

Cat 126 à 146

Courbet et Manet

126
Charles LÉGER
Courbet selon les caricatures et les images
Paris, Paul Rosenberg, 1920
1 vol., 27,5 × 19 cm
Paris, Bibliothèque du musée d'Orsay

127
CHAM
« Voilà un bourgeois qui s'arrête devant mon tableau ! Il n'a pas de crise de nerfs ? Mon exposition est manquée ! »
Encre de Chine sur papier, 14,6 × 17,6 cm
Paris, musée du Petit Palais
Dessin d'illustration paru dans le *Courrier de Paris* en 1851 avec le titre « L'Exposition de Courbet à la rue de Rivoli ».

128
QUILLEMBOIS (Charles-Marie de Sarcus, dit), 1821
« La Peinture réaliste de M. Courbet »
L'Illustration, vol. XXVI, 21 juillet 1855, p. 52
Paris, musée d'Orsay

129
Honoré DAUMIER
« Ce Monsieur Courbet fait des figures... vulgaires »
12e planche de la série « l'Exposition Universelle »
(*Le Charivari,* 8 juin 1855)
Lithographie, 18,5 × 24,5 cm
Paris, musée Carnavalet

130
CHAM
« État alarmant dans lequel se sont trouvés plusieurs membres du jury pour être restés quelques instants sous l'influence de la peinture de M. Courbet »
Dessin d'illustration, encre de Chine sur papier 13,1 × 17,6 cm
Paris, musée du Petit Palais

131
CHAM
Cham au salon de 1863
Paris, Martinet, s.d. (1863)
25 × 18,5 cm
Paris, collection particulière
Album de 61 caricatures, ouvert pl. (III) : le jury et Courbet.

132
BERTALL
« Le Salon, par Bertall »
L'Illustration, vol. XLV, 3 juin 1865, p. 341
Paris, musée d'Orsay

133
André GILL
Portrait-charge de Courbet
Plume et crayon de couleur, 31 × 23,5 cm
Paris, musée Carnavalet
Dessin publié dans *La Lune* du 9 juin 1867 sous le titre « Courbet, peint par lui-même et par Gill », avec le reflet du peintre dans la glace.

134
André GILL
« Courbet peint par lui-même et par Gill »
La Lune, 9 juin 1867
Paris, Bibliothèque nationale, Estampes

135
LEPEUX ?
« Courbet et son exposition (revue et corrigée) »
L'Image, n° 2, 13 juin 1867
Paris, bibliothèque de l'Arsenal

136
André GILL
Portrait-charge de Courbet
Plume et crayon de couleur sur papier, 30,2 × 23,7 cm
Saint-Denis, Musée d'art et d'histoire

137
André GILL
« Courbet par Gill. Avant la lettre »
L'Éclipse, 2 juillet 1870 (exemplaire à grandes marges)
Paris, collection Henri Bonnefoi

138
BERTALL
« Le Citoyen Courbet par Bertall »
Le Grelot, n° 4, 30 avril 1871
Paris, Bibliothèque nationale, Estampes

139
CHAM
« La Naissance du petit ébéniste »
Plume et encre brune sur trait à la mine de plomb, 22,9 × 18,3 cm
Paris, musée du Louvre, Département des arts graphiques
Dessin d'illustration paru dans *Le Charivari,* le 14 mai 1865. Caricature de l'*Olympia* de Manet.

140
CHAM
« Promenade au Salon (n° 1) »
Le Charivari, 14 mai 1865
Paris, bibliothèque de l'Arsenal
L'*Olympia* de Manet est entourée de 11 autres charges sur Gérôme, Moreau, Meissonier...

141
CHAM
Le Salon de 1865 photographié par Cham
Paris, Arnaud de Vresse, s.d. (1865)
22 × 18,5 cm
Paris, collection particulière
Album de 61 caricatures, ouvert pl. (IV) : l'*Olympia* de Manet et Meissonier..

142
BERTALL
« Le Salon de 1865 »
Défet de *L'Illustration,* 17 juin 1865
Paris, bibliothèque Forney
Le chat de *l'Olympia* de Manet.
Dans le numéro du 3 juin, le dessin de Bertall consacré à l'*Olympia* s'intitule : « La queue du chat, ou la charbonnière des Batignolles. »

143
« A l'exposition de peinture »
L'Éclipse, n° 73, 13 juin 1869, p. 4
Paris, bibliothèque de l'Arsenal
Le Balcon de Manet est inclus dans une composition intitulée « Le tir au pistolet et à la carabine » avec des œuvres de Ribot, Lambron, Courbet, Taylor et Isabey. Sur la même page, une charge par Darjou.

144
Henri MEYER, 1844
« Panthéon Meyer — Edouard Manet »
Le Sifflet, n° 120, 3 mai 1874
Paris, collection Raymond Bachollet

145
André GILL
« Les Triomphateurs du Salon »
L'Éclipse, n° 394, 14 mai 1876
Paris, collection Raymond Bachollet

146
Alfred LE PETIT, 1841-1909
« Édouard Manet »
Les Contemporains, n° 29, 16 juin 1881
Paris, Bibliothèque historique de la ville de Paris

Cat 147 à 149

Les Impressionnistes

147
CHAM
Le Salon pour rire, 1875
Paris, Le Charivari, 1875
25 × 18,5 cm
Carteret, collection Nicolas Rémon
Album de 61 caricatures, ouvert sur la vignette de couverture : « Ayant présenté un impressionniste (au jury) sans prévenir. »

148
« Madame ! cela ne serait pas prudent. Retirez-vous ! »
Le Charivari, 16 avril 1877
Paris, bibliothèque de l'Arsenal

149
« La Chambre à Paris. Éloigne le plus téméraire des abords de la Chambre en l'entourant des peintures de l'école impressionniste »
Le Charivari, 27 juin 1879, p. 3
Paris, bibliothèque de l'Arsenal

Cat 150 à 183

Le Salon de 1868

150
GILLOT
L'Aumône d'un mendiant à Ornans
Gravure de reproduction du tableau de Courbet, 27,8 × 21,7 cm
Paris, Bibliothèque nationale, Estampes

151
Gustave DORÉ
Le Néophyte
Dessin, plume et lavis sur papier, 59 × 73 cm
Nemours, Château-Musée
Dessin exécuté postérieurement au tableau du même titre au Salon de 1868 ?

152
Éugène FROMENTIN, 1820-1876
Centaures
1868
huile sur toile, 2,05 × 1,31 m
Paris, musée du Petit Palais

153
Gustave GUILLAUMET, 1840-1887
Le Sahara dit aussi *Le désert*
1867
huile sur toile, 1,10 × 2 m
Paris, musée d'Orsay

154
Édouard MANET, 1832-1883
Émile Zola
1868
huile sur toile, 1,46 × 1,14 m
Paris, musée d'Orsay

155
Pierre PUVIS DE CHAVANNES, 1824-1898
Le Jeu
1868
crayon noir sur papier calque, 32 × 15,7 cm
Paris, musée du Petit Palais

156
Edw. ANCOURT
« Le Salon de 1868 »
Le Bouffon, n° 119, 10 mai 1868, p. 2-3
Paris, collection Raymond Bachollet
Grande composition coloriée sur laquelle figurent toutes les vedettes du Salon.

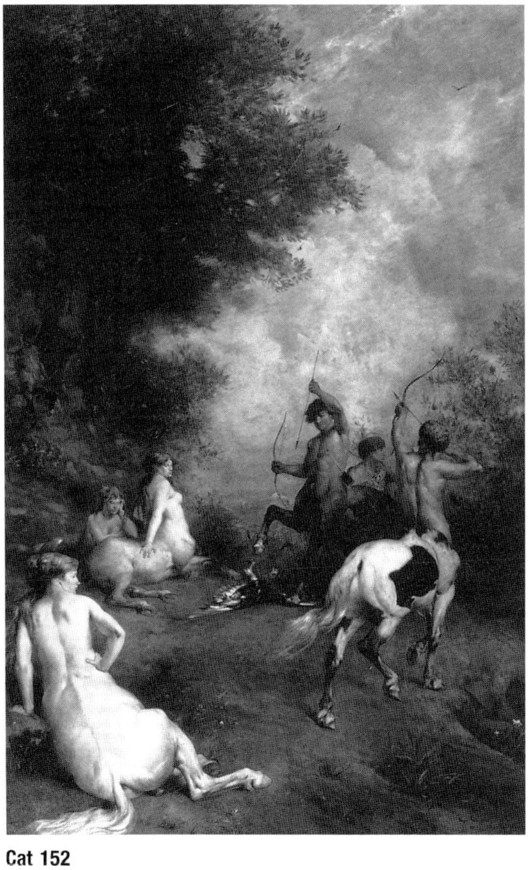

Cat 152

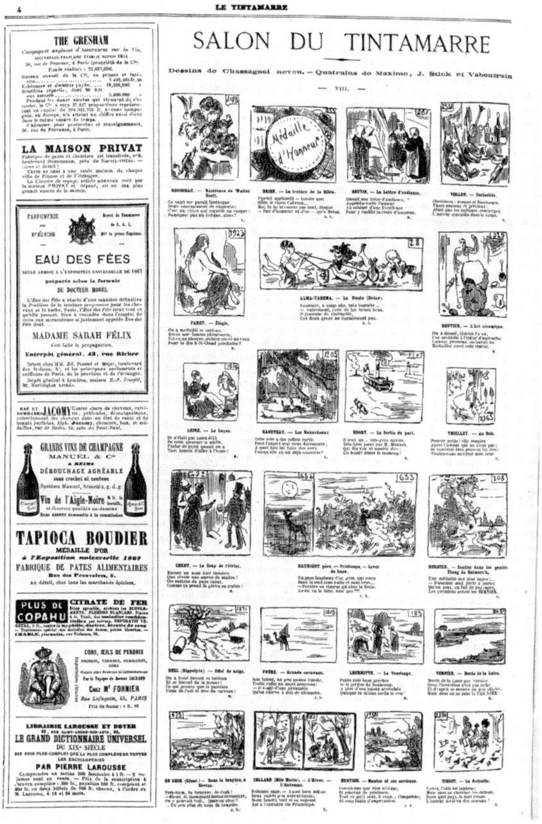

Cat 164 (page 4)

157
GÉDÉON
« Toutes ces dames au Salon »
Le Hanneton, nº 21, 21 mai 1868
Paris, collection Raymond Bachollet
Pénélope et *Phryné* de Marchal, *La Sieste* d'Alma Tadena.

158
Carlo GRIPP (Charles Tronssens, dit),
« Le Salon de 1868. Peinture, sculpture »
L'Image, nº 21, 24 mai 1868, p.164-165
Paris, Bibliothèque historique de la ville de Paris
Sur cette page : *Le Jeu* de Puvis de Chavannes, *Femme couchée* de Lefebvre, *Le Néophyte* de Doré, *Le Désert* de Guillaumet, *Le Mendiant* de Courbet.

159
GÉDÉON
« Au Salon »
Le Hanneton, nº 22, 28 mai 1868
Paris, bibliothèque Forney
Le retour du mari de Giraud, *Femme couchée* de Lefebvre.

160
PITOU
La Marotte, nº10, 28 mai 1868
Paris, Bibliothèque historique de la ville de Paris
L'un des trois Salons caricaturaux de Pitou pour ce périodique qui ne connut que 10 numéros ; ouvert p. (3) : *Le Sahara* de Guillaumet...

161
OULEVAY
« Le Salon repeint et mis à neuf »
Le Monde pour rire, nº 13, 30 mai 1868, p. 2-3
Paris, Bibliothèque historique de la ville de Paris
Pénélope et *Phryné* de Marchal, *7 décembre 1815* de Gérôme, *Les Centaures* de Fromentin, *Lise* de Renoir, *Le Néophyte* de Doré.

162
J. FLEURY
« La Foire aux Peintures. Deuxième série »
La Vie parisienne, 30 mai 1868, p. (386-387)
Paris, Bibliothèque historique de la ville de Paris
Pénélope et *Phryné* de Marchal, *7 décembre 1815* de Gérôme, *Le Mendiant* de Courbet, *Le Retour du mari* de Giraud, *Zola* de Manet.

163
BERTALL
Le Petit Figaro, nº 159, 7 juin 1868, p. 4
Paris, Bibliothèque historique de la ville de Paris
6 caricatures des œuvres du Salon de 1868 dont *Pénélope* et *Phryné* de Marchal, *Le Mendiant* de Courbet, *7 décembre 1815* de Gérôme, dessins repris du *Journal Amusant.*

164
MAXIME
J. STICK
et VABONTRAIN (Dr Guillaume Walter)
Dessins de CHASSAGNOL NEVEU
« Salon du Tintamarre VI et VII »
Le Tintamarre, 21 juin 1868, p. 4-5
Paris, Bibliothèque historique de la ville de Paris
Le Différend et *Un Clown* de Lambron, *Autour de l'Ange* de Schenck, *7 décembre 1815* de Gérôme, *Le Retour du mari* de Giraud...

165
DARJOU
« Revue du Salon de 1868 »
L'Éclipse, nº 18, 24 mai 1868, p. 4
Paris, bibliothèque de l'Arsenal

166
Albert ROBIDA
« L'Exposition in extremis »
Paris-Caprice nº 29, 27 juin 1868, p. (37)
Paris, Bibliothèque historique de la ville de Paris
Le déménagement des œuvres après la fermeture du Salon.

167
André GILL
« Le Salon pour rire »
Gill-Revue (en vente au bureau de *L'Éclipse*)
1868
14 pages coloriées présentées recto verso
Paris, collection Raymond Bachollet

168
CHAM
« 653. M. Daubigny »
« 654. Daubigny »
Plume et encre brune sur traits à la mine de plomb sur 2 feuilles entrecollées, 22,9 × 18,3 cm
Paris, musée du Louvre, Département des arts graphiques
Deux dessins d'illustration parus dans *Le Charivari* du 31 mai 1868 : *Le Printemps* et *Lever de lune* de Daubigny.

169
CHAM
« Salon de 1868 »
Le Charivari, 31 mai 1868, p. 3
Paris, Bibliothèque historique de la ville de Paris
Le Printemps et *Lever de lune* de Daubigny, à rapprocher des dessins, cat. 168 et *La Métamorphose* de Frémiet.

170
CHAM
Le Salon de 1865 photographié par Cham
Paris, Arnaud de Vresse, s.d. (1865)
25 × 18,5 cm
Carteret, collection Nicolas Rémon
Album de 61 caricatures, ouvert pl. (IX) : *Effet de lune* de Daubigny et *Voleurs de nuit (Sahara algérien)* de Fromentin, à rapprocher des charges du Salon de 1868.

171
CHAM
Salon de 1869 charivarisé. Album de 60 caricatures
Paris, Arnaud de Vresse, s.d. (1869)
25 × 18,5 cm
Carteret, collection Nicolas Rémon
Ouvert pl. (XIV) où une vignette de l'année précédente est réemployée : la restitution par le peintre du fromage de sa fruitière.

172
CHAM
Salon de 1868. Album de 60 caricatures
Paris, Arnaud de Vresse, s.d. (1868)
Carteret, collection Nicolas Rémon
Ouvert pl. (V) : *Le Mendiant* de Courbet, *Le Retour du mari* de Giraud...

173
CHAM
« Le Salon comique »
Le Musée des familles, juillet 1868, p. 304
Paris, Bibliothèque nationale, Imprimés
Le Mendiant de Courbet, *Le Néophyte* de Doré.

174
L'Univers illustré, n° 700, 13 juin 1868, p. 368
Paris, Bibliothèque historique de la ville de Paris
Reproduction du *Retour du mari* de Giraud (gravé par Pouget d'après Paul Philippoteau).

175
Le Monde illustré, n° 586, 4 juillet 1868, p. 12
Paris, Bibliothèque historique de la ville de Paris
Reproduction du *Retour du mari* de Giraud (gravé par Verdeil d'après Jules Lavès).

176
Carlo GRIPP
« Salon de 1868. 1re série »
Défet de *L'Image,* n° 21, 24 mai 1868
Paris, bibliothèque de l'Arsenal
Pénélope et *Phryné* de Marchal à l'entrée du Salon.

177
Arsène HOUSSAYE
Mademoiselle Phryné
Paris, Dentu (1869)
2e volume des *Parisiennes* (2e série des « Grandes Dames »)
Paris, Bibliothèque nationale, Imprimés
Après la page 248 : double page représentant « Mademoiselle Phryné ».

178
CHAM
La Comédie de l'exposition par Cham, Ier acte
Paris, Arnaud de Vresse, s.d.
25 × 18,5 cm
Paris, collection particulière
Album de 61 caricatures, consacré à l'Exposition universelle de 1867 avec de nombreuses références aux œuvres d'art exposées à cette occasion, ouvert pl. (XV) : Rosa Bonheur...

179
BERTALL
« Promenade au Salon (suite) »
Le Journal Amusant, n° 649, 6 juin 1868, p. 2-3
Carteret, collection Nicolas Rémon
6 caricatures dont *Navires sortant des jetées du Havre,* tableau disparu de Monet et, p. 3 : « Les Réalistes et les Fantaisistes, suspension d'armes ».

180
BERTALL
« Tout pour l'Alsace. Considérations sur les médailles à l'exposition de 1868 »
Défet de *L'Illustration,* 20 juin 1868, p. 397
Paris, bibliothèque Forney
Le Mendiant de Courbet en conversation avec Marchal ; autres charges dont *Le Retour du mari* de Giraud.

181
BERTALL
« Revue du trimestre »
Défet de *L'Illustration,* n° 1317, 23 mai 1868, p. 333
Paris, bibliothèque Forney
Sujets divers dont « le mur de la vie privée ».

182
CHAM
Salon de 1868. Album de 60 caricatures
Paris, Arnaud de Vresse, s.d. (1868)
25 × 18,5 cm
Paris, musée d'Orsay
Ouvert à la page de titre avec une vignette sur le « mur de la vie privée ».

183
CHAM
Bouffonneries de l'Exposition
Paris, Michel Lévy frères, 1868
25 × 18,5 cm
Paris, Bibliothèque historique de la ville de Paris
Album de 61 caricatures sur l'Exposition universelle de 1867 ouvert pl. (IX) : l'exposition de fromages.

184
« Lettre sur le Salon »
La Vie parisienne, n° 41, 8 oct. 1910, p. 742
Gentilly, collection Michel Dixmier
Lettre signée Dorilas et caricatures non signées : *La Danse* et *La Musique* de Matisse...

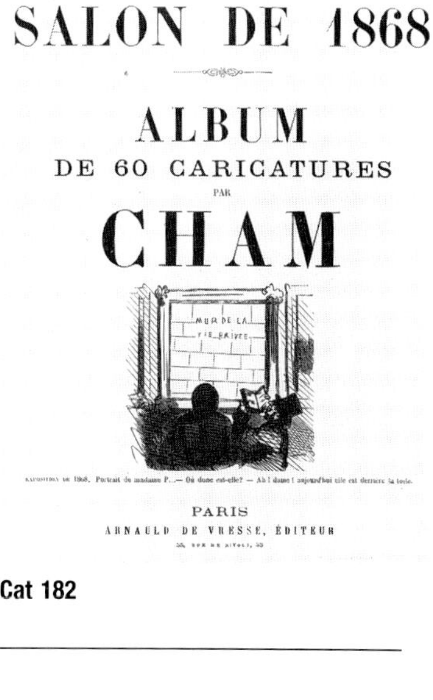
SALON DE 1868

ALBUM
DE 60 CARICATURES
PAR
CHAM

PARIS
ARNAULD DE VRESSE, ÉDITEUR

Cat 182

CRÉDITS PHOTOGRAPHIQUES :
Musée d'Orsay : Cat 10, 13, 22, 27, 31, 32, 42, 45, 62, 73, 87, 113, 157, 162, 163, 164, 166, 169, 171, 172, 176, 179, 180 ;
Fig 3, 5, 10, 11, 14, 16, 19.
Bibliothèque nationale : Cat 2, 21, 43, 68, 69, 75 ;
Fig 1, 2, 4, 6, 7, 8, 13, 15, 20, 21.
Bibliothèque d'art et d'archéologie : Cat 17, 32 ;
Fig 9.
Réunion des musées nationaux : Cat 116, 168.
Musée du Petit Palais : Cat 152.
Metropolitan Museum of Art de New York : Fig 18.
Szérmüvészeti Muzeum de Budapest : Fig 17.

Couverture :
BERTALL, « Les impressions de voyage de la famille Ballot au musée » (cat 22).
Paris, bibliothèque du musée d'Orsay.
GÉROME, *Jeunes Grecs faisant battre des coqs*, Salon de 1847.
Paris, musée d'Orsay.

Achevé d'imprimer en octobre 1990
sur les presses de Jacques London, Paris
Composé en walbaum par Jacques London
Photogravure de Jacques London

Dépôt légal octobre 1990
I.S.B.N. : 2-7118-2324-5
EC 30 2324

Maquette de Jean-Pierre Rosier